U0679259

金融服务营销实战

JINRONG FUWU YINGXIAO SHIZHAN

朱莉妍◎主编

ZHEJIANG UNIVERSITY PRESS
浙江大学出版社
·杭州·

图书在版编目(CIP)数据

金融服务营销实战 / 朱莉妍主编. — 杭州：浙江
大学出版社，2023.6

ISBN 978-7-308-23278-4

Ⅰ. ①金… Ⅱ. ①朱… Ⅲ. ①金融市场－服务营销－
教材 Ⅳ. ①F830.9

中国版本图书馆 CIP 数据核字(2022)第 216912 号

金融服务营销实战

朱莉妍　主编

策划编辑	汪荣丽
责任编辑	高士吟　汪荣丽
责任校对	沈巧华
封面设计	雷建军
出版发行	浙江大学出版社
	（杭州市天目山路 148 号　邮政编码 310007）
	（网址：http://www.zjupress.com）
排　　版	杭州朝曦图文设计有限公司
印　　刷	杭州钱江彩色印务有限公司
开　　本	710mm×1000mm　1/16
印　　张	10.25
字　　数	173 千
版 印 次	2023 年 6 月第 1 版　2023 年 6 月第 1 次印刷
书　　号	ISBN 978-7-308-23278-4
定　　价	36.00 元

前　言

　　党的二十大报告提出,"要实现好、维护好、发展好最广大人民根本利益,紧紧抓住人民最关心最直接最现实的利益问题","深入群众、深入基层,采取更多惠民生、暖民心举措"。客户经理作为连接客户与金融机构之间的纽带,要进一步提高金融服务的适应性、竞争力、普惠性,全力践行金融为民的使命。在新的发展大背景下,金融服务已经成为金融机构竞争优势的重要源泉,如何提高客户经理的素质与能力已成为国内各大金融机构持续关注的问题。在这样的背景下,为了更好地满足高职高专金融财经专业实践教学和金融机构从业人员实战培训的需要,立足于市场需求和金融产业发展导向,本教材主要围绕培养客户经理的营销技巧和实战本领进行编写,有助于培养出符合现代金融业要求的应用型和技能型金融学人才。

　　本教材主要围绕金融机构客户经理与客户营销金融产品或服务的整个面谈过程展开,注重实战技巧。具体包括以下五个方面的内容:一是开展市场调查,通过有效的客户寻找方式,精准定位可以邀约面谈的目标客户;二是成功邀约客户后,不打无准备的仗,由内到外做好与客户面谈前的各项准备;三是通过科学的营销流程和提问方式,获得目标客户需求的真正关注点,将金融产品转化成目标客户想要的解决方案,包括亲和开场、挖掘需求、产品价值塑造、处理客户异议以及关单技巧等;四是维护客户关系,持续培养客户忠诚度,为以后的营销铺好路;五是新形势下,开展新媒体营销还需掌握的一些技巧与注意事项。

　　本教材特色如下:首先,本教材注重介绍营销技巧和拜访实战方面的知识点,含有大量实用的营销话术技巧和可复制的真实案例。其次,教材中的话术示范和一些知识点的讲解,配有音频或视频二维码,学生可以更加直观地学习营销实战知识,如同亲临客户拜访的实战现场。最后,教材紧跟时代发展,注重

"互联网＋"时代客户经理应掌握的营销创新模式。

编者

2023 年 3 月

CONTENTS 目 录

开展市场调查，精准定位目标客户

选择目标客户是制订营销计划和确定营销策略的前提条件。目标客户是指客户经理通过市场细分后所确定的重点营销对象，是能够满足金融机构现实或潜在金融需求并从服务中获得盈利和发展的客户群。目标客户不会主动送上门来，金融机构客户经理需要使用各种方法精准定位目标客户。

1.1 明确客户的分类

对于金融机构来说，最重要的不是资产，而是客户。谁掌握了客户，谁就掌握了市场和未来，也就掌握了财富的源泉。因此，客户经理要了解客户的分类，进而发现客户的需求，并制定不同的营销策略。

客户经理对客户分类的具体作用表现在3个方面：一是可以有效识别目标客户群体；二是能准确把握目标客户的需求；三是提供合适的金融产品和服务。

1.1.1 按客户的主体不同分类

按客户的主体不同，可以把客户分为三大类：个人客户、公司客户和机构客户。

（1）个人客户，是金融市场上最基本的客户，也称为终极客户。个人客户对金融的需求在内容、范围、行为活动的形成上都有自己的特点，可以说是千差万别。因此，客户经理在拓展个人客户业务时应注重个性化服务。

视频 1-1 按客户主体对客户进行明确的分类

(2)公司客户,主要是指工商企业类客户,他们是金融机构资金的主要供给者,也是金融机构主要的资金供给对象。

(3)机构客户,包括金融类客户和非金融类客户。金融类客户包括中央银行、政策性银行、商业银行、信托投资公司、证券公司、基金管理公司、保险公司、资产管理公司、财务公司和典当行等;非金融类客户包括政府及政府机构、医院、学校、新闻出版部门、协会、研究机构、会计师事务所、律师事务所等。

1.1.2　按客户需求的高低分类

按客户需求的高低,可以将客户分为基本需求类客户、增值需求类客户和价值需求类客户。

(1)基本需求类客户,仅仅以满足自身存贷款、结算和货币兑换等为目的。

(2)增值需求类客户,对金融机构的要求是金融机构提供的产品或服务能满足自身资金增值的需求。

(3)价值需求类客户,是金融机构最关注的客户群体,这类客户为了提升自我价值,要求金融机构提供优质、高效和个性化的金融产品或服务。

1.1.3　按客户与金融机构往来的频率及给金融机构带来收益的多少分类

按客户与金融机构往来的频率及给金融机构带来收益的多少,可以将客户分为潜在客户、过客、一般客户、常客和种子客户。

(1)潜在客户,是指存在与金融机构现实提供的产品或服务完全对应或部分对应的需求,但还没有购买这些产品或服务的客户。

(2)过客,是指对金融机构的产品或服务已经产生了注意或留下了印象,并形成了购买欲望,但还没有产生购买行为的客户。

(3)一般客户,是指直接消费金融机构的产品和服务的消费者。无论金额大小、次数多少,只要消费过金融机构的产品和服务,就是金融机构的一般客户。

(4)常客,是指经常购买金融机构的产品或服务的客户。

(5)种子客户,是由常客转化而来的客户,是指除客户自己反复消费外,还能给金融机构带来新客户的特殊客户。

1.1.4　按客户为金融机构带来的价值大小分类

按客户为金融机构带来的价值大小，可以将客户分为高价值客户、微利客户、保本客户和亏损客户。

（1）高价值客户，是指能为金融机构带来高收入、高收益的客户，是金融机构的主要盈利来源。

（2）微利客户，也称有增值潜力的客户，虽然他们为金融机构带来的收益不高，但是他们很有增值潜力。这类客户的人数众多，是金融机构的基础客户群体。

（3）保本客户，是指给金融机构带来的收入和金融机构投入的成本基本持平的客户。

（4）亏损客户，是指给金融机构带来的收入不足以弥补金融机构投入的成本的客户。

1.1.5　按客户对银行服务类型需求的不同分类

视频 1-2 按客户需要对客户进行明确的分类

按客户对银行服务类型需求的不同，可将客户分为资产类客户、负债类客户和中间业务类客户。

（1）资产类客户，是以办理存款业务为主的客户，存款包括活期存款和定期存款。对银行来说，最有意义的就是存款，因此银行应营造良好的环境，提供优质的服务，以吸引这类客户。

（2）负债类客户，是以获得贷款为目的的客户，如固定资产贷款、抵押贷款、流动资金贷款和消费贷款等。

（3）中间业务类客户，是指主要接受银行提供的金融服务，如代理保险、理财、信托、代收、代付等，是银行收入的来源之一。

1.1.6　按客户对保险服务类型需求的不同分类

按客户对保险服务类型需求的不同，可将客户分为财产保险类客户和人身保险类客户。

（1）财产保险类客户，是以转嫁个人及公司的财产风险为主，包括财产损失保险、责任保险和信用保险。

（2）人身保险类客户，是以转嫁个人人身风险为主，包括人寿保险、健康保险和意外伤害保险。随着保险行业的发展，寿险开始兼具"保障＋理财"的功能，满足客户资产增值等需求，包括投资连结型保险、分红型保险、万能寿险等。

1.1.7　按客户对证券服务类型需求的不同分类

按客户对证券服务类型需求的不同，可将客户分为通道服务类客户、研究咨询类客户和资产配置类客户。

（1）通道服务类客户，主要通过证券公司系统委托买卖股票，是证券公司最主要的客户来源。

（2）研究咨询类客户，以获得产品信息咨询为主，包括宏观战略、市场战略、行业公司、债券基金、衍生产品等。

（3）资产配置类客户，以获得个性化综合理财业务服务为主，证券公司将客户委托的资产在证券市场上从事股票、债券等金融工具的组合投资，以实现委托财产收益最优化。

1.2　寻找和拜访陌生客户

在当前金融行业竞争激烈的情况下，客户有太多的选择，仅仅做好大堂客户经理，已经不足以吸引客户。在新形势下，客户经理必须主动出击，从坐以待"币"转变为主动寻找客户。

视频 1-3 陌生拜访技巧

1.2.1　"扫街""扫楼"拜访客户

"扫街"这个词对销售人员来说并不陌生，"扫街"甚至可以说是业务员的基本功。对于销售人员来说，大多数目标客户都是在"扫街"的过程中完成的。

金融机构"扫街"就是要求客户经理打破客户自动上门的传统营销方式，主动走出营业厅，对城区、郊区、集镇的主次干道、街道，根据门牌号逐家逐户地进行地毯式的拜访和宣传，把金融服务送到各类客户的门前或店内。

对金融行业来说，随着小微金融的兴起，对商业区的小微企业进行扫街式的服务，必将成为新的业绩增长点。比如，在各金融机构负责的辖区内共有多少家商户，哪些商户有金融服务需求，哪些商户是需要继续跟进的目标客户，哪些商户还不是自己所在金融机构的注册客户，这些信息都必须靠客户经理在"扫街"的过程中逐户收集，了解客户需求。

　　"扫楼"与"扫街"的意思差不多。不同之处在于"扫楼"强调的是走进写字楼，挖掘单位客户资源。下面案例中的客户经理就是通过"扫楼"找到了目标客户。

成功案例

　　李行是 A 银行的客户经理，为了拓展本银行的国际业务，大力营销出口退税贷款，他在"扫楼"的时候发现了××有限责任公司，年出口额 2000 多万美元，是银行的目标优质客户。但该公司已经在 B 银行开立了基本户，长期在 C 银行办理国际结算，并有出口退税贷款。

　　为了解更多的详细信息，李行多次拜访该公司的业务人员，了解 B 银行、C 银行和该公司业务往来的情况。最后，他终于得知该公司的一些信息：在 B 银行开基本账户的只是该公司的一个分理处，业务品种不全；C 银行的经营理念比较陈旧，业务创新及员工工作积极性不高，出口退税贷款尺度比较严格。

　　李行对这些信息进行了认真的梳理和研究之后，整理出该公司与 A 银行合作的优势。资料准备充分后，他又去拜访该公司的总经理，并不失时机地推介了 A 银行业务产品的优点，提出了以本行产品方案置换其他银行退税贷款的方案。最终，该公司在 A 银行办理了出口退税贷款业务。

　　"扫楼"不仅可以使客户经理找到自己的目标客户，还可以帮助客户经理了解市场和客户。但这种方法也具有一定的盲目性。因此，客户经理无论是"扫楼"还是"扫街"，都应注意以下四点内容。

　　(1)在"扫楼""扫街"的过程中，客户经理要注意收集目标客户的原始信息，防止因公司管理水平差异而造成的信息不准确。

　　(2)"扫楼""扫街"后，客户经理要及时对客户的信息进行整理、录入，建立客户档案，分析客户的相关需求，为以后营销产品、满足客户需求提供信息支持。

（3）客户经理要充分了解各个行业的特征，选择"扫楼""扫街"的恰当时机。

（4）在"扫楼""扫街"的过程中，客户经理必须留意细节，忌带着个人情绪工作，力求改善客户体验，提升金融机构的品牌形象。

另外，对于不同的客户群体，客户经理要进行不同的客户需求分析，才能有针对性地为客户提供金融解决方案，提高客户转化率。因此，我们可将目标客户群体分成五类：商区、社区、园区、农区和企业。

1. 商区

进商区的主要目标客户为小微企业，营销方式为"扫街"，主要推销的业务是以 POS 机、付款码、贷款、理财、保险等为主的综合金融服务。

2. 社区

进社区，是指在社区和商场等人流量大的场所进行"扫街"、摆摊等社区营销活动。客户经理可以向社区客户普及各种防诈骗手段、金融知识，也可以全面宣传各类金融产品和知识，引导客户了解、使用机构的新业务，同时增强社区客户的金融观念。

3. 园区

进园区，是指开发工业园区的企业客户。在业务推荐方面，客户经理应侧重提供对公金融的一条龙解决方案。

4. 农区

进农区，是指开发当地农村居民客户。农村居民对于金融服务的需求较为单一，更注重储蓄，是金融机构吸纳存款的最大目标客户。

5. 企业

进企业，是指开发对公客户。客户经理通过对辖区内相关企业信息的整理和分析，分批次、有重点地对各类企业进行上门营销，将金融服务带到各行各业。

1.2.2 电话陌生拜访

电话陌生拜访,又叫冷访(cold call),是指客户经理与客户并不认识,客户经理通过从公用电话本或者其他渠道得到的电话名录与客户逐一进行联系。电话陌生拜访是金融机构的客户经理经常采用的一种方式,特别是对于新入职的客户经理,更是需要娴熟掌握的一项重要工作方式。

根据入职一个月的金融机构客户经理平均数据来看,在电话陌生拜访的初始阶段,每天拨打 300 个陌生电话,能找到 5 个有意向的客户,平均每个客户回访 5～6 次可邀约成功。

1. 陌生电话拨打时间段

一般周一上午大部分客户都在开会,不建议客户经理在这一时段拨打陌生电话。客户经理拨打陌生电话的时间段建议在 9：30—11：00,15：00—16：30,20：00—21：00。不同职业的建议联系时间如表 1-1 所示。

表 1-1 不同职业的建议联系时间

职业	联系时间
公司高管	最适合联系的时间是上午 8 点半之前,即秘书上班之前
行政人员	上午 10 点半至下午 3 点,不宜联系
会计师	每月初与月末工作繁忙,不宜联系
公务员	最适合联系的时间是上班时间,但不要在午饭前后和下班前联系
证券从业人员	证券市场开市时间不宜联系
银行从业人员	上午 10 点前和下午 4 点后,不宜联系
客户经理	上午 9 点至下午 4 点,不宜联系
医生	上午时间段,不宜联系
教师	最适合联系的时间是下午学生放学以后
家庭主妇	最适合联系的时间是早上 10 点至 11 点,下午 3 点至 4 点

2.电话陌生拜访的一般流程

客户经理拨打陌生电话拜访客户的步骤如图 1-1 所示,一般分为四步。

图 1-1　拨打陌生电话拜访客户的步骤

(1)开场

开场部分客户经理需要对客户礼貌地说明自己的来电意图,时间不宜过长,控制在 20 秒以内。

拨打陌生电话拜访客户的开场主要包括两个方面的内容:一是称呼客户;二是说明来意,包括公司介绍、金融产品简介(期限、收益、最低投资额度等)。拨打陌生电话的目的是寻找一个与客户见面的机会,对于产品的介绍一定要抓住亮点,引起客户兴趣,而不是在电话中对产品进行详细的介绍。

▶▶ **话术示例**

(1)"先生/女士您好,请问您现在方便接听电话吗?耽误您几分钟的时间,这里是××银行××分行,我行现在有 6 个月到 1 年,预期年化收益 3.8%～4.2% 的理财方案。投过的客户对我们的这款理财方案都非常满意。"

话术示例 1-1

(2)"先生/女士您好!这里是××财富管理××分公司,我们主要是以银行承兑票据为债券的投资管理公司,提供预期年化收益率 3.8%～4.2% 的稳健型理财产品。"

(2)需求探寻

基本寒暄与产品介绍结束以后,客户经理需要了解客户的需求,结合自身产品情况,询问客户是否有可以理财的资金,是否有理财的需求。

▶▶ **话术示例——探究型**

(1)"您会不会觉得现在的定期存款利率太低?"

(2)"您会不会担心股市的波动会造成本金的亏损?"

▶▶ **话术示例——情景型**

(1)"请问您之前做过银行理财或是其他理财吗，都是在哪里做的，收益怎么样，是短期的还是长期的，现有理财产品什么时候到期？"

(2)"方便了解一下您现在的理财计划吗？"

话术示例 1-2

(3)争取后续联系的机会

在简单探寻客户的需求后，客户经理需要争取与客户后续联系的机会，可以以为客户提供有益的服务为由，索要客户的其他联系方式。

▶▶ **话术示例**

(1)"您之前做过银行理财或者感兴趣的话，我给您发一份我们机构和产品的资料您先了解一下，您看怎么样？"

(2)"这个手机号是您的微信号吗？我加一下您的微信，给您发一份理财资料，您看可以吗？"

话术示例 1-3

(3)"鉴于您在这方面有一定的需要，方便把您的微信告诉我一下吗，后续您有理财方面的问题，可以随时联系我，我随时帮您解答。"

(4)结束语

在拨打陌生电话拜访客户的最后，礼貌感谢客户的耐心接听，并约定下次回访的时间。

▶▶ **话术示例**

(1)"那咱们后期保持联系，祝您工作/生活愉快，再见。"

(2)"谢谢您(阿姨/叔叔)对我的信任，您一般什么时间方便接听电话？"

话术示例 1-4

(3)"那您先看看资料，过两天我再打电话联系您，祝您工作/生活愉快，再见。"

▶ **角色扮演**

两人一组,一个扮演客户经理,一个扮演陌生客户。客户经理按照陌生电话拜访流程,最终对有意向的客户做简单的需求探寻并索要其他联系方式。

资料 1-1 哪种拜访方式最合适

▶ **电话案例 1**

客户描述:听音色是男士,没有提出疑问,继续听客户经理对产品的介绍。

开放式收尾:客户可以同意也可以拒绝。

▶ **电话案例 2**

客户描述:听音色是女士,听客户经理对产品的介绍,然后提出 2～3 个疑问。

开放式收尾:客户可以同意也可以拒绝。

客户经理打电话给客户时,客户的常见回答。

(1)我没兴趣。

(2)我忙,没时间。

(3)要不你电话里给我讲一讲?

(4)我不投资,怕风险,也没时间投。

(5)我自己的钱会存银行、炒股或买基金。

(6)有没有产品的资料,你把资料寄给我。

(7)我没钱。

(8)我朋友购买过理财产品,我也买过。

资料 1-2 电话邀约拒绝时的回复

1.2.3 陌生拜访技巧

陌生拜访是营销中最重要的步骤,客户经理在拜访陌生客户时,可以运用一些小技巧给自己加分,使自己在客户心中尽快地从陌生变为不陌生。

1.认真做好拜访前的准备工作

知己知彼才能百战不殆,客户经理准备充分了才有成功的可能。在进行陌生拜访前,客户经理要做好如下工作。

(1)端正心态

金融营销是神圣的工作,是帮助客户的事业。客户经理应当以健康的心态对待即将拜访的客户,既不能过于恭维客户,也不能过于傲慢,这两种情况都会给客户留下不好的印象。在和客户交谈的时候,客户经理要保持正常的情绪状态,不卑不亢,言语中不要过于讨好客户,也不要轻视客户,不然很有可能客户经理话还没有说完,客户就已经听不下去了。

(2)要有平常心

对于客户经理来说,要拜访的客户中有自己喜欢的,也有自己不喜欢的,拜访的结果有可能是成功的,也有可能是失败的。无论如何,客户经理都要摆正自己的心态,不要过于计较得失。只要客户愿意与你商谈,你就有机会,如果被客户断然拒绝,也不要沮丧。作为客户经理一定要明白:营销不可能一次成功,也不是只有这一个客户值得进行营销。

(3)准备好各种有效证件和材料

在对陌生客户进行自我介绍之后,客户经理要主动出示自己的相关证明或者证件,这样有助于快速消除客户的戒心。

客户经理需要准备好业务简介和各项说明等业务资料。当客户对推荐的金融产品感兴趣时,会主动索要相关资料。这个时候客户经理如果告诉客户"没有相关资料"或者是"资料忘记带了",可想而知,客户会非常不满意,即使客户有想要办理业务的欲望,也可能不会通过这位客户经理办理。

在准备的资料中,客户经理最好还要准备一些关于之前客户通过办理相关推荐业务或产品获得了想要的结果的案例。有时候客户可能会对办理业务有一点动心,但由于对客户经理不熟悉,没有信任感,往往会处于犹豫的状态。如果客户经理一直催促客户办理推荐的业务和产品,很有可能会带来相反的效果。这时,客户经理就可以给客户介绍一下之前的案例,并且拿出相关的数据给客户看,成功的案例会增加客户对产品和办理业务的信任感,客户经理获得客户的成功率自然就会比较高了。

小提示

> 客户经理准备好的资料虽然不一定能用上,但是做好这些准备工作却是必不可少的。

2.加大拜访量

营销工作要以量选优,以优取胜,做营销一定要有庞大的市场信息量和客户拜访量。有的金融机构要求每个客户经理每天至少拨打 30 个电话,目的就是要加大客户经理对陌生客户的拜访量。试想一下,如果一个客户经理打了 50 个电话给客户,有 30% 的成功率,那么他就可以联系上 15 个客户,哪怕只有 10% 的成功率,也可以联系上 5 个客户。所以,客户经理不断地、经常地、持久地进行陌生拜访,广泛地与各类客户接触,进行有目的的筛选,从而发现优质客户,以量取质,然后再进行重点开拓,就能有效提升业绩。

3.注意分寸

营销不可能一步到位。在初次拜访中,客户经理对于客户来说是完全陌生的人,所以客户经理和客户的交流要循序渐进,注意掌握分寸,把握好拜访时间,及时告辞,不要期望第一次营销就取得实质性进展。在初次拜访中,客户经理可以表现得谦虚一些,在一些问题上多请教客户的意见,认真倾听对方的看法。

此外,客户经理应该注意向客户传达一些对于客户来说有价值的信息。比如,哪一款理财产品的回报率高,英镑、欧元汇率价格走势如何等,这些都是金融机构的权威信息,客户经理要在第一时间让陌生客户清楚自己可以享受哪些优惠政策和优质服务。

4.充满自信

客户经理给人的第一印象十分重要。客户经理在拜访陌生客户时态度要谦和、神态要自然、士气要高昂、仪态要大方,要充满必胜的信心,这样可以给客户留下良好的印象。

5.坚持不懈

对于初次接触的事物，出于谨慎心理，大多数人会选择三思而后行，所以客户经理初次拜访陌生客户一般都不会成功。但这并不代表客户真的不需要这些金融产品，所以客户经理就需要一次又一次地拜访，坚持不懈才有可能取得成功。

客户经理在和陌生客户见面以后，最好给客户发一条短信表达感谢之情或是能加到客户的微信。一般情况下，客户会把这个短信保存下来，不会删除已加联系人，因为客户也会有"多一个朋友多一条路"的想法，客户经理再次拜访也就水到渠成了。

1.3 资料法寻找客户

资料法是客户经理锁定潜在客户比较快速、有效的一种方法，因此，多掌握获取客户资料的途径是非常有必要的。资料法，又称间接市场调查法，即金融机构客户经理通过各种现有媒体资料寻找潜在客户的方法。通常，客户经理采用资料法锁定目标客户时，有媒体、行业公开名录和宣讲会或公开日三种途径。

1.3.1 媒体

媒体使得信息传播的速度加快，传播的范围也更加宽广。客户经理时常关注网站、媒体公众号、行业性报纸等上的信息，就可以发现一些潜在客户群。

1.网站、微博和微信公众号

通过网络寻找客户资料是比较好的途径，也是客户经理经常用到的途径之一。一些官方网站和公众号上的信息是十分有用的，客户经理要经常去浏览，从而找到有价值的客户信息资源，比如财政部、国务院、地方政府、国家与地方发展和改革委员会、工业和信息化部、国家与地方工商部门、国家与地方税务部门、国家金融监督管理总局、人民银行等的官方网站；还有一些财经资讯类的网站，比如 Wind 资讯、财新网等。

微博和微信公众号是当前寻找资源的重要且便捷的方式。现在很多微博和微信公众号都有明确的分类,并且很多政府部门、企业、财经类资讯平台等都开设了官方微博和公众号,关注与此相关的微博和微信公众号,就可以每天接收到一些相关的企业信息,再对这些信息进行筛选客户经理,可以发现优质客户。

? 小提示

随着互联网媒体的发展,客户经理每天可以获得大量的信息,一般来说有价值的内容比例较小,甚至有可能出现客户经理浏览了一个星期相关网站的信息也发现不了有价值的信息的情况。因此,客户经理要在海量的信息中得到自己想要的信息,就需要花费大量的时间去寻找。同样,针对一些重要的企业,客户经理需要花时间去跟踪企业的新闻,掌握企业的动态。这就要求客户经理养成每天浏览新闻的习惯,充实自身的信息库。

▶▶ 成功案例——企业客户

某银行客户经理李行在浏览新闻时,注意到某网站在拍卖写字楼,××公司以高出起拍价1500万元的价格拍到了。于是,李行马上上网查询,得知是杭州的一家科技公司拍到了该写字楼,并且该公司是杭州市重点扶持的中型企业集团之一,成果转化率一直居杭州市前列。收集完这些信息后,李行就准备材料向行长做了汇报,并着手开展对该公司的营销工作。

▶▶ 成功案例——个人客户

网络上能找到的客户范围比较广,数量也比较多,招商银行就利用微博获得了许多人的关注,而且客户经理也参与了其中。招商银行除了微博主账号外,各个部门包括招行信用卡中心、私人银行、远程银行中心以及各大分行等均开设了专门的微博。若客户对招商银行其中一个业务或部门感兴趣,客户就会主动关注相关账号,客户经理可以更专业、更细致地为客户提供咨询与服务。通过这种方式,招商银行寻找客户时不仅便捷了很多,效率也提高了很多,招商银行留住客户的可能性也随之提高。

2.报纸、杂志和电视

客户经理需要养成每天看新闻、阅读新闻的习惯,并从中发现相关优质企业的信息。客户经理可以通过阅读一些本地的报纸,如晨报、晚报或都市报等,从中获取一些有价值的客户信息;阅读财经类的报纸、杂志,如《21世纪经济报道》《财经》《经济日报》《第一财经》等,获取相关企业信息。客户经理也可以多关注电视频道里的时事和财经类等带有大量企业资源的新闻,这些新闻往往能够从侧面反映出某个企业的重要性或需求,有助于客户经理及时、快捷地掌握更多潜在客户的资料,促使这些企业成为金融机构的优质客户。

✎ 成功案例

客户经理:"您好! 请问您是××科技公司的陈嘉总经理吗?"

目标客户:"是的。你是怎么知道我名字的?"

客户经理:"您可是大名鼎鼎的新闻人物呀! 我是××行的客户经理,我叫李行。昨天××杂志用一整版的篇幅介绍了您的创业经历和您公司的品牌经营战略,看完报道后,我很敬佩您。前不久,我行推出了一款新的公司客户理财服务产品,很适合为您公司的品牌经营战略服务。我想到您的公司去拜访您,不知道您是今天下午3点,还是明天上午10点比较方便?"

目标客户:"好的,那你今天下午4点过来吧!"

1.3.2　行业公开名录

随着大数据和人工智能的快速发展,客户经理可以通过下载和安装专业的行业名录搜索软件,查看行业公开名录。客户经理可以通过地区、行业、企业类型、客户信息等方面的条件,在海量的企业数据中,迅速筛选出自己需要的客户。同时,现有的软件可以全面展现企业的工商信息、产品信息、官方媒体、是不是风险企业等,让客户经理的获客更加高效。

除此之外,客户经理需要关注行业协会、商务部等公布的一些名录,这些名录中的企业往往具有某些特质,若金融机构能提供满足其需求的金融服务,他们就会成为金融机构优质客户的一部分。

1.3.3　宣讲会或公开日

金融机构为了扩大自身的知名度、宣传展示自己的产品,一般都会定期举办一些宣讲会或是公开日。在宣讲会或公开日上,金融机构会邀请机构类或行业上知名的专家,用比较专业的方式向客户介绍机构和产品,或是为客户解读当下经济情况和热点问题,以此来树立机构的良好形象,提升客户对产品的好感,与客户建立互信的关系。在会议的茶歇或是尾端,会为客户经理与客户提供直接面对面沟通的机会。客户经理若能把握住这个机会,就能全面地收集客户的信息,挖掘客户深层次的需求。

1.4　缘故法

能保持一定量、有价值的人脉网络和系统是客户经理长时间获得业绩和收入的保证。客户经理可用缘故法来确定目标客户,找到更多的客户资源。缘故市场也是新进入金融机构的客户经理比较容易开始和成功签单的市场,七成以上新客户经理的第一单来自缘故市场。

缘故法是客户经理将自己认识的亲戚、朋友等列成清单,从中选出有关系资源价值的亲朋好友,通过他们帮忙开拓目标客户。或者说,利用这种方法将世界上曾经与自己结缘的人都联系起来,构建起人脉关系网。

对于客户经理来说,使用缘故法开拓目标客户是一种很有效的方法(如表1-2所示)。客户经理可以对自己所认识的人进行深挖,有时候会得到惊喜,避免了直接推销的尴尬,比较容易获得成功。

使用缘故法开拓客户,主要有以下 3 个特点。

(1)易接近客户。客户经理不需要准备太多的开场语就可以进入主题。

(2)易起步。尤其对于经验不足的客户经理来说,你所认识的这些人正是锻炼自己营销技巧的好机会。

(3)易建立自信心。利用这种方法进行营销比对陌生人营销的成功率要高很多,从而容易建立客户经理的自信。

表 1-2　缘故法与其他获客法比较

营销流程	缘故法	其他获客法
寒暄、赞美	一　样	一　样
建立信任	不用做	要　做
收集信息资讯	不用做	要　做
发现购买点	一　样	一　样
激发客户兴趣	程度浅	程度深
商品说明	一　样	一　样
对于拒绝的处理	简　单	复　杂
促成合作	力度弱	力度强

开发缘故市场主要有通讯录法、五同法、联想法和十桌定律四种方法。

1.4.1　通讯录法

通讯录法,顾名思义就是通过搜索手机、微信、QQ、邮箱,找到适合的缘故客户。

想一想

(1)你的手机电话本/微信列表中有多少人的联系方式?

(2)你的毕业通讯录中有多少人的联系方式?

(3)你还有其他的电话本或是常用的联系人名单吗?

1.4.2　五同法

五同法即同学、同宗、同事、同乡/邻、同好(如图 1-2 所示)。此外,同学也有自己的同学、同宗、同事、同乡/邻、同好等,同宗也会有自己的同学、同宗、同事、同乡/邻、同好等。总之,通过这样直接或间接的关系,客户经理就扩大了自己的人脉关系网。

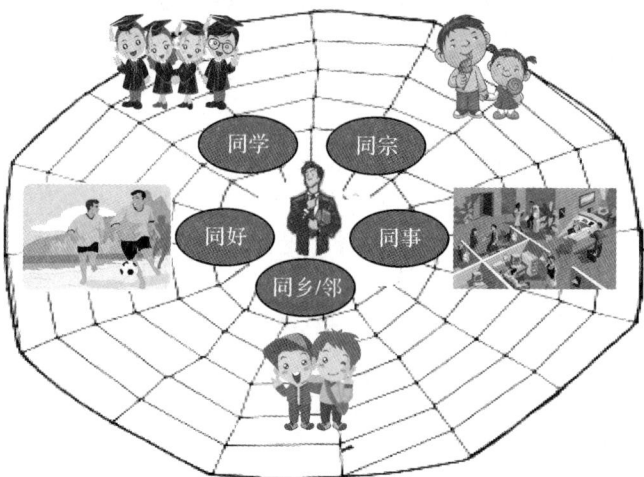

图 1-2　缘故法

▶▶ **话术示范——同学**

客户经理："喂,张伟吗?"

客户："是啊? 哪位?"

客户经理："看来你小子真是贵人多忘事,连我的声音都听不出来了。你好,我是李行啊!"

客户："李行啊! 哎哟,真没有听出来。"

客户经理："我看朋友圈,你最近刚刚跳槽到了新公司啊。"

客户："是啊! 一言难尽啊!"

客户经理："你看,咱们毕业后应该有三年多没有见面了吧,不知道你有没有空,我们出来聚一聚?"

客户："好啊!"

客户经理："那就这周六晚上 7 点半在××餐馆,如何?"

客户："那就这么定了,不见不散。"

客户经理："再见。"

▶▶ **话术示范——同宗**

客户经理："喂,王叔吗?"

客户："你好，我是王亮，你是哪位？"

客户经理："王叔，您好，我是小李，王萍萍的爱人。"

客户："哦，是小李啊！"

客户经理："王叔，最近还好吗？半年前我们见过面，听萍萍说您工作很忙，怕耽误您的时间，所以我们一直也没有去拜访您。"

客户："是啊！总是没有得闲的时候。"

客户经理："工作再忙，也还是要保重身体啊！萍萍也是挺忙的，最近经常加班，我因为刚换了工作，所以也闲不下来。"

客户："是吗？"

客户经理："是啊，我刚刚加入了××银行，做一名客户经理。不知道您有没有听说过这家银行。"

客户："不错嘛，小李。这是一家不错的地方性银行，产品挺创新的！"

客户经理："看来王叔对银行产品还是挺了解的呀，以后还请王叔多多支持啊！"

客户："好好……"

客户经理："有一段时间没有见到你了，萍萍说如果你周末有空，我们俩去您家看看您和阿姨。"

客户："好啊！"

客户经理："我们已经很久没有尝到阿姨的手艺了，您看这周六中午方便吗？我和萍萍一起过去。"

客户："好！"

客户经理："那就到时见了。"

客户："到时见。"

▶ 话术示范——同事

客户经理："喂，王杰吗？你好，我是李行。"

客户："李行啊！好久不见，你最近还好吗？"

客户经理："还好，就是挺忙的。其实是这样的，我加入保险公司虽然时间不长，但是越接触就越觉得每个人都需要保险，因此给你打个电话，看看我能不能帮你也设计一份保险计划。你明天有空吗？到时我们见面，我再向你详细介绍一下。"

客户:"保险啊? 你觉得我需要吗? 我感觉平时单位的福利还不错。"

客户经理:"但是这些福利包不包括小孩子的教育经费呢? 我们做父母的除了要为自己考虑,还要考虑一下孩子和家庭,对不对? 这样吧,我们约个时间,见面再谈,你看明天晚上 6 点如何? 到时我们一起喝喝茶、聊聊天吧!"

客户:"好吧。"

客户经理:"那就明天晚上 6 点去××茶社,不见不散。"

客户:"好的。"

▶▶ 话术示范——同乡/邻

客户经理:"喂,赵哥,我是李行,你最近忙不忙?"

客户:"哦,小李啊! 还好吧。你呢? 最近也没啥活动。"

客户经理:"是啊,一直在忙着冲业绩,其他什么活动都取消了。你看,咱们认识这么长时间了,也没见老哥对我的工作表示一些支持。"

客户:"哈哈,你也没和我说过保险呀?"

客户经理:"最近我们公司推出了一个新险种,我觉得挺适合你的,要不咱们约个时间,到时一边喝茶一边聊?"

客户:"好啊。"

客户经理:"你看这周日上午 10 点还是下午 3 点合适?"

客户:"那就下午 3 点吧。"

客户经理:"那就到时××茶社见了。"

客户:"到时见。"

▶▶ 话术示范——同好

客户经理:"喂,刘小姐吗?"

客户:"我是,您哪位?"

客户经理:"刘姐,您好,我是××银行的李行。"

客户:"哦,李行,你好! 今天怎么有空给我打电话了呀?"

客户经理:"我们上次一起健身的时候曾听说您快要结婚了,我觉得这正是资产规划的重要时机,因此希望能有机会了解您的需求,为您设计一份理财规划。"

客户:"但是我暂时还没有买理财产品的打算。"

客户经理："刘小姐，买理财不像买支笔那么简单，多一点考虑是应该的。资产配置的需求其实每个人都是有的，您之所以还没有考虑，可能是您还不了解这个规划方案。所以我希望我们能约个时间，我当面向您说明一下，并没有要您马上买的意思。"

客户："但是我最近比较忙。"

客户经理："刘小姐，我理解，又要工作，又要进行婚前准备，肯定很忙的，我最多只占用您 10 分钟的时间。您看明天上午 10 点还是下午 3 点合适？"

客户："那，还是下午吧！"

客户经理："那明天下午 3 点我准时到您的办公室。"

客户："好的。"

客户经理："那就这样定了，再见。"

客户："再见。"

1.4.3　联想法

联想法就是用发散思维来搜索身边可能成为客户的人。联想法思维发散表如表 1-3 所示。

想一想

表 1-3　联想法思维发散表

项目	姓名(1)	姓名(2)	姓名(3)
最常打电话给你的人			
最常到你家的人			
最常向你借周转资金的人			
你曾经做过谁的保证人			
你经常倾诉烦恼的人			
最尊重你的人			
有困难时会帮助你的人			
曾受你帮助的人			

续　表

项目	姓名(1)	姓名(2)	姓名(3)
最疼爱你的人			
在哪些人面前你会觉得有优越感			
对你很够意思、可共患难的人			
公共场合很支持你的人			
必须受你约束管理的人			
最听你话的人			
最容易相处的人			
很受你欢迎的人			
算得上深交的人			

1.4.4　十桌定律

依据一般餐厅老板的统计,一对新人宴请亲友参加婚礼通常都会办 10 桌以上喜酒,一桌以 10 人计算,则每个人大概至少有 100 个至亲好友。因此,平均每个客户经理有 100 个愿意帮助其成功的人。

想一想

假如你举办宴席,你的请帖会发给谁?

小提示

通过缘故法搜索出潜在目标客户,客户经理要对这些客户进行分类,并将每个人的相关资料填入资料文件中,信息越详细越好。资料中的信息可以包括性别、年龄、职务、收入、学历、健康状态、家庭住址和婚姻状况等。客户经理日常需要不断完善和更新客户资料信息,以便更好地开展业务。

1.5 老客户转介绍法

营销中有一条黄金法则："开发一个新客户，不如维护一个老客户。"每一个客户的背后都隐藏着众多转介绍客户，转介绍随时都会发生，就像呼吸一样自然。转介绍法就是客户经理通过现有客户作为介绍人，推荐他们熟悉的人作为自己的准客户。这种方法可以减少客户直接拒绝的概率，增加面谈的机会。老客户的一句话，胜过客户经理的千言万语。因此，客户经理在进行业务时，要鼓励老客户给自己介绍新客户，从而开发更多目标客户。

✎ 成功案例

××贸易公司是 A 银行的优良客户，双方已经合作很多年，并且对彼此都比较满意和信任。陈丹是 A 银行的客户经理，与该贸易公司的王总关系很不错。在一次交谈中，陈丹了解到该贸易公司的下游企业普遍需要流动资金。

于是，陈丹很快就邀请了王总一起去拜访这些下游企业。在拜访的过程中，陈丹得知虽然这些企业的规模比较小，但企业的效益还不错，并且经营比较稳定。最终，A 银行与该贸易公司合作，共同给这些小企业提供流动资金的贷款。

在做转介绍之前，客户经理需要弄清楚到底哪些客户可以帮助自己转介绍。能够为客户经理转介绍的老客户分为两类，一类是成交的客户，一类是未成交的客户。

1.5.1 成交的客户

成交的客户在购买完产品后，可以分成三种类型：不满意的客户、满意的客户和非常满意的客户。

1. 不满意的客户

对金融产品或者服务不满意的客户，可以分为两种不同的类型：一种是"静默客户",这种类型的不满意客户就是你找到他,他也不会将问题反馈给你。这类客户不会为客户经理进行转介绍。另一种是"传播负面评价客户",这种类型的不满意客户在经历了不满意的用户体验后不但不会转介绍,甚至还会将这种负面评价传播给其他潜在客户。这类客户只需要解决他们的问题即可,很难说服他们进行转介绍。

2.满意的客户

对金融产品或者服务满意的客户,可以分为两种类型:一种是"静默客户",这种类型的满意客户是那种"爱在心口难开"型,即使是对金融产品和服务很满意,也不会对产品和服务做出任何反应。这类客户对产品和服务不会说好,也不会讲差,很难为客户经理进行转介绍。另一种是"被动转介绍",这种类型的满意客户不会主动转介绍,但有转介绍的主观意愿。当有朋友问这些客户时,这些客户会进行推荐和介绍。

3.非常满意的客户

这类客户对金融机构的产品和服务非常满意。一般其性格也比较积极外向,人脉广泛,这类客户会主动帮助转介绍,是非常重要的客户。但所有的主动转介绍都是建立在足够多的自豪感和荣誉感上的。

因此,客户经理要记录那些积极主动提供有效线索的客户,制定一套转介绍制度,能够让客户知晓转介绍对于其自身能够得到什么样的好处,同时通过转介绍的客户又会享受到哪类的折扣或是收益等。

1.5.2 未成交的客户

转介绍其实就是一个客户获利的过程,要让客户觉得在做有意义的事情。因此,对于未成交的客户里,有购买意向的客户可以使用"拼单"的转介绍法。例如,可以采用"召集八位朋友购买享受团购利率""三人购买享受返利红包"或"朋友圈点赞"这些常见的转介绍方法。

❓ 小提示

许多客户经理在请求已有客户介绍新客户的时候,往往会遇到一些心理上的难题,比如怕客户反感、认为自己太鲁莽、认为对方会拒绝自己、怕客户会被自己吓跑等。但事实上,客户经理最大的心理障碍不是别人,而是自己,只要克服内心的恐惧,敢于开口要求转介绍,对方通常都会乐意答应的。

✏ 成功案例

客户经理:"您好,王总,我是××银行的小李,最近您投资的公司又成功上市了,您投资的眼光可真好啊!"

客户:"也是跟着市场多学习、多交流。"

客户经理:"还请您多给我介绍一些客户啊!"

客户:"你想要什么样的客户?"

客户经理:"跟您一样是最好的了。您看这两天您什么时候有时间? 我去拜访您,咱们谈一谈客户的事情。"

✏ 本章总结

1. 明确客户的分类,可以有效识别目标客户群体,准确把握目标客户的需求,提供合适的金融产品和服务。

2. 电话陌生拜访:(1)"扫楼""扫街"拜访客户,主动寻找客户;(2)电话陌生拜访,是新入职场客户经理最常用的手段。

3. 资料法寻找客户:客户经理通过各种现有媒体资料寻找潜在客户的方法,包括三种途径:(1)媒体;(2)行业公开名录;(3)宣讲会或公开日。

4. 缘故法:客户经理将自己认识的亲戚、朋友等列成清单,从中选出有关系资源价值的亲朋好友,通过他们帮忙开拓目标客户。包括四种方法:(1)通讯录法;(2)五同法;(3)联想法;(4)十桌定律。

5. 老客户转介绍法:客户经理通过现有客户作为介绍人,推荐他们熟悉的人作为自己的准客户。

？课后练习

完成缘故客户信息表格(如表 1-4 所示),至少填写 10 个姓名,并至少对其中的一个进行评分。

表 1-4　缘故客户信息表

客户来源	A. 亲戚或朋友 B. 同学和朋友 C. 有共同爱好的朋友 D. 过去和现在的邻居 E. 经由配偶或子女所认识的人 F. 社交团体认识的人 G. 和职业相关的人 H. 时常付款的对象	来源									
		姓名									
日　　期											
电　　话											
备　　注											
评分类别	分数(最高 70 分)										
职业	行政管理	8									
	经营商务	8									
	专业人员	7									
	公务员	6									
	业务人员	5									
	文职人员	5									
	家庭主妇	3									
	服务业	2									
	制造业	2									
	学生	1									

家庭年收入	≥500000 元	12									
	360000～<500000 元	10									
	240000～<360000 元	9									
	120000～<240000 元	6									
	60000～<120000 元	4									
	<60000 元	2									
年龄	≥55 岁	4									
	40～<55 岁	8									
	30～<40 岁	6									
	<30 岁	2									
婚姻状况	已婚且有子女	10									
	已婚且无子女	6									
	单身	1									
相识时间	≥6 年	4									
	3～5 年	2									
	<3 年	1									
交往程度	亲朋好友	8									
	普通朋友	4									
	泛泛之交	2									
每年联络次数	8 次以上	8									
	4～7 次	4									
	1～3 次	2									
	完全没有	1									
联络程度	很容易	8									
	容易	4									
	不易	2									
	很困难	1									
人群影响力	很好	8									
	较好	4									
	还可以	2									
	没有	1									

项目二

面访前的准备

在正式访问前,做好充足的准备工作很有必要,客户经理可以提前和客户进行预约,以免打扰到客户。然后着手准备充足的业务资料、明确谈判的目标,带着构想去见客户。只有准备充足,客户经理才能在谈判的时候灵活应对各种情况,防止意外的发生,为客户解决实际问题。

2.1 与客户提前预约

与客户提前预约是业务谈判准备工作中最重要的一个环节,也是一种交往礼貌。与客户预约是客户经理给客户留下的第一印象。这个印象将直接影响未来业务接触中,客户对客户经理的态度与看法。成功的预约不仅能够增进感情,为自身建立良好的关系网络,对于提升银行的形象也有帮助,也是谈判成功的第一步。

视频 2-1 与客户提前预约的技巧

2.1.1 准备阶段

提前预约能使客户经理对接下来的谈判有所计划,并做好充分的准备。

一方面是心理准备。客户经理拨打的每一个电话都可能是业务的转折点,要有认真与积极的态度。

另一方面是内容准备。客户经理要了解客户的需求,找到客户的兴趣所在,并提前进行谈判演练,以便谈话时自如应对,体现自身的专业素养。客户经理要对客户的基本信息有全面的了解,并提前准备好谈话内容及可能出现的问题,最好先在笔记本上列出谈话内容的重点,以防止在谈话过程中偏离主题。

2.1.2 实施阶段

1.电话邀约流程

电话邀约的流程如图 2-1 所示。

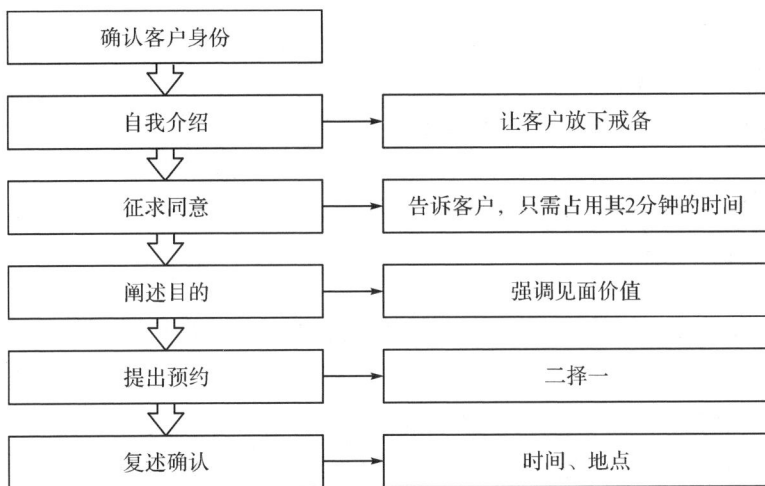

```
确认客户身份
    ↓
自我介绍  →  让客户放下戒备
    ↓
征求同意  →  告诉客户,只需占用其2分钟的时间
    ↓
阐述目的  →  强调见面价值
    ↓
提出预约  →  二择一
    ↓
复述确认  →  时间、地点
```

图 2-1　电话邀约流程

2.电话预约的时间选择

对于首次电话预约,客户经理应尽量约在清净人少的地方,提前 7 天提出邀约是最恰当的。联系的间隔时间不要过长,间隔时间一般不超过 1～2 天,间隔时间太长容易让人产生不受重视或松懈的感觉。

同时,客户经理打电话的时间要根据客户所在的不同场所进行选择。

(1)客户经理往客户家中打电话。打电话的时间应以晚餐过后或双休日为好,不要在早上 8 点之前或晚上 10 点以后,此时客户有可能正赶着上班或准备休息,不利于谈话的展开。

(2)客户经理往客户办公室打电话。打电话的时间应在上午 10 点或是下午 2 点到 3 点。但要注意控制通话时间,适可而止,言简意赅,以免占线时间过长而造成客户不便。

✏️ **失败案例**

> 小汪是 A 银行的客户经理,有一天他的一个客户没有按照约定的时间到银行办理业务。小汪给客户打电话。
>
> 小汪:"陈总您好,我是 A 银行的小汪,半个月前跟您联系过一次,您说您今天来我们银行办理业务的。请问您怎么没来呢?"
>
> 客户:"小汪?哪个小汪啊?我实在不记得了。"
>
> 以上这个例子,就是因为客户经理与客户联系时间间隔过长而导致的客户对于邀约的遗忘,最终使得邀约失败,前功尽弃。
>
> 在约定的前一天,客户经理需要再一次跟客户确认时间,提醒客户,防止客户临时有变动。

3. 二择一法则

客户经理在约见客户时,对于时间和地点的选择,应给客户提出两个方案,这样无论客户选择哪一种,都会实现客户经理想要的结果。同时,客户有了选择的机会,会让客户感觉是自己做出的决定。二择一法则把"见不见面"升级到了"什么时候,什么地点见面",能够有效增加约见客户成功的概率。

▶▶ **话术示例——时间二择一**

客户经理:"李总,您好!我是 B 银行的客户经理小刘,我想去拜访您。您看您是今天下午 3 点半有时间,还是明天上午 9 点半有时间?"

客户:"我今天下午开会,那就明天上午 9 点半吧!"

▶▶ **话术示例——地点二择一**

客户经理:"李总,我想去拜访您,您的秘书跟您说过了吧?您看我是到您公司去,还是请您到我们银行来?"

客户:"欢迎你到我们公司来参观。"

4. 电话邀约中的注意事项

(1)打电话的过程中,客户经理态度一定要诚恳,语气礼貌而坚定,给客户一种受重视的感觉。

（2）在打电话的过程中，客户经理应面带微笑，保持声音亲切愉悦，让客户感到舒适。

（3）客户经理语言要简洁明了，富有条理性。客户经理切记不可词不达意或长时间啰唆，容易让客户产生反感。

（4）交谈结束后，客户经理一定要等客户先挂断电话，以示对客户的尊重。电话邀约话术如表 2-1 和表 2-2 所示。

▶▶ **话术示范 1**

表 2-1　电话邀约话术 1

确认客户身份	客户经理	您好,赵女士!
	客户	你是?
自我介绍	客户经理	赵女士,我是 A 银行××支行的客户经理李行。
	客户	哦,你好。
征求同意	客户经理	方便和您沟通两分钟吗?
	客户	可以吧。(若不可以,则问客户是否方便再次打过来。记住:与客户确认你会再次打电话来,并感谢客户接听电话。)
阐述目的 & 提出预约	客户经理	您的理财产品马上要到期了,您这周三或周四是否有时间来办理?
	客户	周三的下午 2 点可以。
	客户经理	赵女士,我行下周五下午 3 点将举办健康养生专题论坛,届时有名医出席,您可以和名医直接对话。您来办理理财产品时,我们再详细交流。
	客户	好的,谢谢。
复述确认	客户经理	好的,我已经记下来了,周三下午 2 点我会在理财室等您,同时与您沟通一下健康养生专题论坛的细节。这是我的联系方式,方便的话,可以加一下您的微信吗?
	客户	好的。
	客户经理	如果有任何情况请随时联系我,再见。
	客户	好的,再见。

▶ 话术示范 2

表 2-2　电话邀约话术 2

自我介绍	客户经理	您好,王先生! 我是 A 银行××支行的客户经理李行。
	客户	哦,你好。
征求同意	客户经理	方便和您沟通两分钟吗?
	客户	可以吧。(若不可以,则问客户是否方便再次打过来。记住:与客户确认你会再次打电话来,并感谢客户接听电话。)
阐述目的 & 提出预约	客户经理	今天给您打电话主要是想跟您沟通一下,最近理财产品的收益率在不断地下降,现在市场跟以前相比,已经发生了很大的变化,也有一些新的很好的投资机会,行里也相应推出了一些新的产品来跟进,所以我想约您就您的资产配置方面做一些沟通,以便您的资产能够达到更加合理的配置,提高您的收益率。您看您明天上午 10 点或是下午 3 点,哪个时间比较方便? 我好去拜访您。
	客户	明天下午 3 点可以。
复述确认	客户经理	好的,那明天下午 3 点我准时到您办公室。如果有任何情况请随时联系我。
	客户	好的。
	客户经理	王先生,再见。
	客户	再见。

▶ 角色扮演

以小组为单位编写一个案例进行演练,选择两人分别扮演客户和客户经理,运用电话邀约流程进行话术演练。

2.2　做建设性面谈

一样的金融产品,不同的客户经理进行营销,结果完全不同。显然,客户经理非常重要,再好的金融产品、再优秀的营销策划最终获得打款和收益,还是要靠客户经理一个个去完成。营销过程是由一次次访谈和跟进构成的,客户经理每一次是否用心准备了客户拜访,客户心里有数。每一次客户拜访的成败决定了营销最后能走多远,有经验的客户经理懂得对金融产品的销售做建设性的面谈。

2.2.1　带着构想见客户

1.明确面谈的最终目标

面谈成功的基础是客户与客户经理互利互赢,达成共识。所以,不能简单地以竞争胜负来看待面谈的结果,而应该把面谈看作一种合作,一件互惠互利的事情。

客户经理的面谈主要有以下三种目的。

(1)破冰型

客户经理让客户对金融机构更有好感、认可金融机构、认可客户经理,能够了解客户(know your customer,KYC),并鉴别客户是否为有效的潜在客户。

(2)需求型

客户经理深度了解客户、激发客户的需求,给出解决建议并匹配客户相应的金融产品。

(3)成交型

客户经理促成产品关单,让客户打款并提高投资额度。

要想使面谈取得成功,达到面谈的目的,客户经理必须有清晰的拜访目标,主次分明,有条有理。在实践的过程中,面谈的目标有三个层次。

(1)必须达成的目标

必须达成的目标是客户经理拜访客户的底线,客户毫无讨价还价的余地。

(2)期望达成的目标

客户经理在迫不得已的情况下才考虑放弃期望达成的目标。

(3)乐于达到的目标

客户经理可以根据拜访的需要适当放弃乐于达成的目标。

在进行面谈的过程中,只要不影响主要目标,客户经理就可以适当地做一定程度的选择或让步。所以拜访之前,客户经理就需要考虑周全哪些部分是可以让步的,哪些部分是可以妥协的。因此,拜访前客户经理做好充分准备,才能胸有成竹地与客户就共同感兴趣的产品讨价还价,达到事半功倍的效果。

客户经理要清楚自己面谈的底线以及客户在这次拜访中的目标。明确双方的目标之后,要对其中利益的相同点和矛盾点进行对比分析,以便制定出相应的策略战术来化解分歧,促成目标的达成。

✏ 成功案例

A银行客户经理张新曾接待过一对田氏夫妇。他们经营一家水果店十余年了,每个月的净利润能达到4万元左右。经过多年辛苦工作,他们积攒了约150万元的财产。随着理财的人越来越多,田氏夫妇身边也有不少朋友利用闲钱购买了理财产品,于是,他们也打算利用部分闲钱尝试着做理财。

田氏夫妇来到A银行,张新接待了他们。张新在了解了田氏夫妇的情况之后,为他们推荐了一款起投门槛可以为5万元、10万元、20万元的系列理财产品,这类理财产品不仅操作简单,而且风险比较小,收益也较可观。田氏夫妇听完后想投5万元的理财产品尝试一下,张新听完后没有马上提出反驳意见,而是在仔细介绍了5万元的理财产品之后,又继续给他们介绍了10万元和20万元的理财产品。

张新在面谈前设定的目标是让田氏夫妇购买10万元的理财产品,毕竟20万元的理财产品对初次接触理财产品的田氏夫妇来说几乎是不可能接受的,10万元的目标虽然有些难度,但是在田氏夫妇的接受范围内。所以,张新在介绍这三款理财产品时,总是时不时地利用其他两种产品衬托10万元理财产品的优势。例如,20万元的理财产品风险相对较大,5万元的理财产品收益相对较低等。虽然田氏夫妇在前期一直坚持购买5万元的理财产品,但是在张新的一再游说下,最终田氏夫妇购买了10万元的理财产品。

2.客户信息准备

➤ 小组讨论

面谈前需要准备哪些客户信息?

客户经理要竭尽全力留心了解客户的信息。在面谈之前,客户经理需要清楚客户的需要,对症下药,为客户制订切实可行的投资计划和目标。客户经理应从各方面收集客户信息,及时掌握客户动态,根据实际情况,提出多种选择方案。

(1)基础信息

第一阶段:了解客户的基础信息,包括基本资料、其他信息、投资挖掘等。

基本资料:客户的姓名、电话、来源、性格、家庭住址等。

其他信息:家庭结构(婚姻状况、配偶年龄、子女数量、子女学校或就业情况等)、职业(从业时间、公司规模、岗位、收入、股东结构等)等信息。

投资挖掘:财富来源、投资偏好(是否为自己投资、是否投过国内理财产品、是否为其他机构的客户、是否只做保本理财等)、投资经历、投资目标(投资增值、财富安全、退休养老、子女教育、保险等)等信息。

第二阶段:需求激发,通过基本信息检视,客户经理对信息进行梳理补充,深度了解客户投资信息背后的原因。

(2)客户偏好沟通风格

客户经理需要清楚地了解客户具有什么样的沟通风格,在不同的情境中需要采取什么样的销售模式,这对于面谈的成功至关重要。

客户的偏好沟通风格可以分为三类:果断型、细节型和感受型。

1)果断型(视觉型)

该类客户处理任何事情都先用双眼去看,而眼睛的学习能力最快,可以在同一时间内接收到多项讯息,时间长了,他发挥视觉能力熟练了,他的行为模式便会有以下特征。

①头多向上昂、行动快捷、手的动作多而且大部分在胸部以上;

②喜欢颜色鲜明、线条活泼、外形美丽的人、事、物;

③能够在同一时间中兼顾数项事务,并且引以为荣;

④喜欢事物多变化、多线条、节奏快;

⑤要求环境清洁,摆设整齐;

⑥坐不住,小动作多;

⑦衣着得体,衣服颜色配搭很好;

⑧说话简短明了、语调轻快、不耐烦冗长说话;

⑨有异议时说的话多针对客户经理的语速、时长,对内容表示不感兴趣时,会展现出烦闷的状态;

⑩说话一开始便入题,两三句便说完;

⑪在乎事情的重点,不在乎细节;

⑫呼吸较快而浅,用胸之上半部呼吸。

▶ 话术示例——果断型客户

(1)"随便看看。"

(2)"看不出来这些理财项目有什么特别的。"

对客户经理来说,结合他们的回复和性格特征,可以准备"赞美"的方式来沟通协调。

▶ 话术示例——客户经理

"看得出来,您对理财产品的挑选非常专业,购买我们这款理财产品的顾客,大部分都是像您一样具有丰富投资经验的人士。"

2)细节型(听觉型)

该类客户处理任何事情都先用双耳接收信息,时间长了,他发挥听觉能力熟练了,他的行为模式便会有以下的特征。

①说话内容详尽,或会有重复的情况出现;

②在乎事情的细节;

③说话多,而且往往不能停;

④重视环境之宁静,难以忍受噪声,注重文字之优美,发音正确等;

⑤对用字很注重,不能忍受错字;

⑥喜欢做事有节奏感;

⑦做事情注重程序、步骤,喜欢按部就班;

⑧说话中常有描述性或象征性的声音,例如:滴答滴答响的钟声;

⑨说话中常用连接词,例如:为什么会这样呢? 那是因为……

⑩说话声音悦耳,有高低有快慢,往往善于歌唱,喜欢找聆听者,本人亦是良好的聆听者;

⑪头常倾向一侧,常出现的手势是手按嘴或托耳下,手或脚常打拍子,走路时不徐不疾,中间表现出规律;

⑫坐着时眼球多转动(内心在自言自语),常有节奏感的身体语言;

⑬呼吸平稳。

◆ **话术示例——细节型客户**

(1)"听说……"

(2)"听起来……"

(3)"我朋友告诉我……"

针对这种类型的客户,客户经理应该控制调节自身讲话的语速、语调等。

◆ **话术示例——客户经理**

(1)"我相信您也听您的朋友讲过……"

(2)"您以前是不是听说过……"

(3)"听得出来,您是一个比较懂行的人……"

(4)"听您这番话,您一定是一个很认真、严谨的人……"

3)感受型

该类客户处理任何事情都是根据他内心的感觉,时间长了,他发挥感觉的能力熟练了,他的行为模式会有以下特征。

①注重人与人之间的关系;

②喜欢别人的关怀,注重感受、情感、心境;

③不在乎好看或好听,重视意义和感觉;

④头常向下做思考状,行动稳重、手势缓慢,手的动作多在胸部以下;

⑤坐着时静默、少动作、头多倾下、呼吸慢而深;

⑥说话低沉而慢,使人有深思熟虑的感觉;

⑦不善多言,可长时间静坐;

⑧说话多提及感受、经验;

⑨往往不能一次说完一句完整的句子,要分两三次才能说完;

⑩有异议时说的话多以"感受"开头,如"我感觉""我觉得"等。

◆ **话术示例——感受型客户**

(1)"我感觉不好。"

(2)"我觉得这款理财产品的性价比不高。"

针对这种类型的客户,客户经理在沟通中可以使用如下语句。

▶ **话术示例——客户经理**

（1）"我能理解您的这种感觉……"

（2）"您是感觉期限不合适还是安全性不放心?"

（3）"您给我的感觉是非常稳重的,能感觉得出来,您是个很负责、很认真的人。"

3.面访谈话策略准备

（1）策略制定

客户经理在面谈之前根据客户信息,做好相应的策略准备,这样客户经理在面谈时才有更多商讨的余地和可能。同时,客户经理掌握的信息越多,做出的策略准备越可行,越切合实际,越容易打动客户,从而成功地实现面谈的目标。

客户经理在进行面谈策略准备的时候,可以根据以下五个问题制定面谈前的策略。

1）面谈的目标(根据营销的不同阶段):此次面谈需要达到的目标是什么?

2）客户现状及问题:通过这个目标,我可以替这位客户解决什么样的问题?

3）客户需求:这个问题真的是客户想要解决的问题吗?

4）知识与材料:为了协助客户与取得客户的承诺,需要做哪些准备?

5）面谈过程:具体面谈的步骤是怎样的?

（2）面谈技巧

在和客户进行面谈的过程中,客户经理如果能够运用一定的营销谈判技巧,就更容易使营销获得成功。常用的面谈策略有三种:苏格拉底诱导术、钳子策略和遛马策略。客户经理可以在面谈前,对面谈可能会用到的面谈策略进行准备。

1）苏格拉底诱导术

苏格拉底诱导术是指客户经理在与客户面谈的过程中通过诱导、说服、讨论等方法来引导对方进行思考,进而得到自己想要的结果。这是面谈过程中常见的一种谈判技巧。

✎ **失败案例**

　　客户经理小陈在一次与客户就理财产品进行讨论的过程中,没有任何铺垫和询问,直截了当地向客户介绍理财产品的优点,随之就让客户决定是否购买,结果客户对他的说法半信半疑,迟迟不愿意购买。

✎ **成功案例**

　　小陈:"请问您之前对理财产品有过了解吗,有没有购买过银行的理财产品呢?"
　　客户:"我听说过一些,但从来没有购买过。"
　　小陈:"您可以试着购买一下,会有意想不到的效果。"
　　客户:"有这么神奇吗?"
　　小陈:"我可以给您举几个例子,比如……"
　　客户:"听起来不错,我试试。"
　　之后,小陈又进行了不同程度的提问,引导客户逐渐了解他所在银行理财产品的优势,并使客户产生了购买该产品的想法,最后客户成功购买了该理财产品。
　　由此可见,谈判技巧的灵活运用相当重要。

　　苏格拉底诱导术在运用时,有两点需要注意。
　　①客户经理要有清醒的头脑,尤其是思辨能力要强,说话条理清晰,有说服力。这样的客户经理很容易获得客户的好感。
　　②客户经理要有甄别客户的能力。苏格拉底诱导术的使用要因人而异,有的客户需要客户经理直接说明情况,而有的客户则喜欢被客户经理引导。客户经理通过诱导达到的结果是,客户心甘情愿购买金融产品,而且客户遇见熟人就愿意分享购买该金融机构理财产品的优势。
　　2)钳子策略
　　钳子策略是指客户经理在与客户面谈时能控制对方的言行,将面谈内容导向对自己有利的一面。例如,当销售人员在销售某种产品时,客户说:"你能给我一个合适的价格吗?"若销售人员回答:"那您希望是什么样的价格呢?"这样一来,销售人员就将主动权掌握在自己手中,往往能使自己占更大的优势。

✏️ **失败案例**

> 杭州××银行派张芳去约客户到该银行办理贷款业务。
>
> 张芳在拜访客户时,先简单介绍了银行的贷款业务。当客户问贷款利率是多少时,张芳直接报了银行的利率。客户一听觉得利率太高了,不能接受,就直接回绝了张芳。

✏️ **成功案例**

> 杭州××银行派李行去约客户办理贷款业务。
>
> 客户问了同样的问题,李行却有不同的回答。李行并没有直接报贷款利率,而是反问了一句:"那多少利率是在您的期望范围内?"问完之后李行保持沉默。客户忍不住先报出了利率,而这个利率正好与银行的利率一样。李行听了,依旧没回话,直到客户又说了一个数字,他才表态。结果他不仅成功签到客户,而且还提高了贷款利率,为银行增加了收入。

从上述案例可以看出,在交易中,钳子策略的使用会使客户在情感上感到愉悦而购买产品,而这种结果正是金融机构想要的。所以,作为客户经理,要会运用钳子策略,善于化劣势为优势,化被动为主动,以达到预期效果。

3)遛马策略

遛马策略是指当客户提出的条件令人难以接受时,客户经理不要忙着反驳客户,应采取疏导顺从的方法让客户安心,而不是直接与其对抗。

在沟通判断的初期,客户表现出来的态度和提出的条件往往会为整个面谈过程奠定基调。此外,根据客户经理的言谈举止,客户也可以从中判断出客户经理达成意向的愿望强烈程度,以及是否愿意达成一个双赢的协议,还是更想为自己争取尽可能大的利益。

因此,客户经理说话应谨慎,即使对客户说的话完全不同意,也不能立刻反驳客户。立刻反驳客户不仅不会让客户改变看法,往往还会让客户强化自己所持的立场。最好的方法是,当与客户看法不同时,客户经理应首先表示同意,然后逐渐深入,按照"感知、感受、发展"的模式,表达出自己的真实意见。

▶ 错误话术示范

当客户提出的条件让客户经理难以接受时,若客户经理直接否定了客户的说法,开始与客户争辩,客户肯定会搬出个人的亲身经历,以证明客户经理是错的,客户自己是对的。后续的谈判工作就很难再继续开展下去。

▶ 话术示范

当客户提出反对意见时,客户经理不要一开始就反驳客户,否则只会激发客户的对抗心理。客户经理应先表达同意或是理解客户的观点,继而想办法扭转客户的既成观点。

第一步,客户经理可以这样说:"我完全理解您的感受,很多人都和您有着相同的感觉。"

结果:淡化客户可能存在的竞争心态。

第二步,客户经理进行解释:"但您知道吗?在仔细研究这个问题之后,我们发现……"

或客户经理可以说:"但仔细分析一下我们的产品,客户总是会发现,在风险最稳定的情况下,我们的利率是最为合理的。"

结果:客户理解了客户经理的真实想法。

✎ 成功案例

客户经理李行正向客户推销一套定制理财产品。

客户:"我听说你们银行的风控系统出了问题,理财产品到期以后,资金可能无法兑付,现在要我把资金交给你们管理不会不安全吧?"

李行:"是的,我也听说了这件事,这个误会从三年前就开始四处传播了。当时我们银行更换了一个更优质、进口的风控系统,在两个系统交替使用的时间,出现了这样的误会。事实上,现在很多大型国有企业都愿意和我们银行合作,因此可以看出,我们的风控还是得到市场认可的。"

客户："我不相信国外的软件,我看很多新闻报道说国外软件风险更大。"

李行："我完全理解您的顾虑,很多客户在第一次听说时都有同感。可是您知道我们发现了什么吗? 自从更换了这款风控系统以后,因系统故障导致的风险问题降低了0.8%,所以您可以放心将您的财产交给我们管理。"

▶ 小组讨论

请根据不同客户案例进行面谈前策略制定并展示。面谈案例如表2-3至表2-5所示。

▶ 面谈案例1

表2-3　面谈案例1

35岁左右白领	主要特征	事业繁忙,收入可观
		一般自己理财或是交给专业机构
		喜欢通过朋友分享、论坛获取信息
		在家中拥有绝对的话语权
	需求分析	投资需求:与风险匹配的投资产品、资产配置
		未来需要的保障:保险、健康医疗、未来养老
		引导关注家庭生活:子女教育
	沟通注意	此类客户最注重人品、诚信,客户经理一定要认真、诚实
		客户经理展示的专业程度有很重要的影响
		筛选有价值的专业信息并提供核心观点逻辑给客户,更能引起客户的注意

▶▶ 面谈案例 2

表 2-4　面谈案例 2

45 岁左右专业人士	主要特征	教育水平高、很多有海外学习或工作经历、偏理性、自律性强
		有较强的专业性和主观投资意见,对理财投资及各种创新产品了解
		通常偏好高风险、高回报的产品,资金主要来源于投资,如股票、期货
		资产分散在多家金融机构
		以资产增值为主要理财目标
	需求分析	财富话题:长期科学的资产配置
		生活话题:子女的教育规划
		生活品质:保险、投资
		未来需要的保障、健康医疗、未来养老
	沟通注意	谈专业切入,与其探讨感兴趣的专业性话题,建立信任关系
		对专业性要求高,客户经理需用专业性打动他们,"专业优先,关系辅助"

▶▶ 面谈案例 3

表 2-5　面谈案例 3

60 岁左右退休阿姨	主要特征	通常没有很强的投资倾向,且较为偏好低风险的投资方式
		有大量时间理财,愿意尝试多样化的产品,易受到市场趋势和他人的影响;更偏爱银行,但理财资金也常在多家金融机构间流动
		经济收入来源主要为退休金,最终决策的做出往往要获得丈夫的同意
	需求分析	家人关怀:子女教育规划、置业
		财产安全问题:保险
		维持生活品质:稳健增值
		未来需要的保障:健康医疗、未来养老

续 表

60岁左右 退休阿姨	沟通注意	谈生活、聊家常切入,利用其在乎被认可的心理,体现其身份,建立信任关系;多次沟通才能建立信任,打开心扉
		避免提及客户忌讳的问题,从财产的安全性、子女教育切入,没有了解清楚具体情况前不要自行假设

4.技术准备

做事之前要有准备,才能事半功倍,才能在事情到来之时临危不乱。作为客户经理,在谈判前必须准备充足的业务材料,才能做到胸有成竹,达到更好的预期效果。

视频 2-2 面谈前的技术准备

(1)专业形象

金融机构客户经理是特殊的营销人员,着装配饰需要注重细节。

1)深色原则

无论是男性客户经理还是女性客户经理,工作场所采取"深色原则"着装更为得当,黑、蓝、灰是基本的职业装配色,深色让人显得干净利落、更为干练,西装、西裤、套裙、鞋子、丝袜等都可以按照深色原则搭配。

2)白衬原则

白色衬衫配深色职业装永远都是经典搭配,再配上任何颜色的领带或丝巾都不会错。而白色衬衫在领口、腰线、袖口处的设计也是多种多样的,这些依照个人喜好和服装搭配选择即可。

3)质朴原则

经过一段时间的工作积淀后,职业经理人可以选择较为个性的职业装,这与个人的地位、职务、声望、个人品牌等都有直接的关系。职场新人则需要长期遵循"质朴原则",最好避免过于奢华和时尚的职业装。新人阶段是树立个人形象和打造个人品牌的关键时期,稳定、持续、固化的职业形象非常重要。

质朴的着装风格可以彰显低调、沉稳、内敛的职业素养,谦卑更容易赢得客户的好感和信任。一成不变的职业形象容易在客户心中刻下烙印,客户闭上眼睛就能想象出你的形象,这便是最成功的职场形象;相反,过于花哨的时尚装束,会显得浮躁、不定性、没有安全感,在客户心里也无法沉淀固有的个人形象。

4)套系原则

整套的西装、礼服、职业装虽然显得"墨守成规",但更体现出一种稳健和安全感,中规中矩往往让领导更放心,客户更安心。套系原则可以采取品牌混搭或同色系混搭,例如,挑选同一品牌款式相近或同一色系样式稍有差别的上装和下装进行混搭。

5)去个性原则

不同于一般的销售人员,金融机构客户经理需要长期与客户沟通和交流,长期进行业务往来,所以打造一成不变的职业形象将陪伴客户经理整个职业生涯。

在工作、生活中,客户经理要逐步去除个人的"个性着装"习惯,无论是工作场所、社交场所、娱乐场所都要保持稳定的职业形象,切忌工作一身工装、生活一身邋遢装,一旦被客户看到就会形成"原来他平时是这个样子"的印象,客户经理树立职业形象及个人品牌很难,但损害却很容易。

(2)知识与材料

客户经理在面谈前,需要准备好以下四种业务材料。

1)金融机构介绍手册。金融机构的介绍手册能让客户了解机构的经营情况、行业排名以及信用度,方便客户做出选择。

2)金融产品资料。客户经理要准备好自己所在金融机构的相关金融产品资料及同类金融机构相关金融产品的资料。这样客户在了解本机构金融产品的同时,对同类机构的情况也能有所了解,然后客户经理再重点突出自己机构的产品优势,让客户下决心购买。

3)客户相关资料。在见客户之前,客户经理要先掌握客户的实际情况。只有深入了解客户的需求,才能有针对性地说服客户购买产品。

4)名片和记录本。名片是了解一个人基本状况的最直接资料,客户经理递给客户名片,会让客户产生信任感,从而愿意交谈。记录本则可以随时记录客户反馈的信息,从而了解客户需求,进而对产品或服务加以完善。

✏️ **失败案例**

　　安俊是××财富公司新入职的客户经理,一次他与一位客户约好进行面谈。在面谈的过程中,客户向他了解相关产品的情况,他一时语塞,又忘记带该产品的相关资料,解释了半天产品的情况,也解释不清,客户也没听明白他说了什么,最后客户生气地走了。

　　从以上失败的案例中可以看出准备充足资料的重要性,就是因为安俊在与客户交流前没把资料准备全,介绍相关产品不清楚,机构少了一份收益,也损失了一位客户,而她自己也受到了团队的批评。

　　(3)良好心态

　　客户经理作为营销人员,与客户直接打交道,必然会面临各种挑战,因而保持良好的心态非常重要,内心要充满热爱,行为要充满热情。客户经理必须相信自己,尊重自己,务求自然大方,不能自傲,要秉持自重、诚恳的心态对待和尊重客户,用心待人,让客户感受到真诚。

　　在与客户交谈的过程中,客户经理要时刻保持微笑,微笑是世界通行的语言,是表达恭敬、树立良好的第一印象强有力的手段。在和客户首次见面时,一个符合职业要求的微笑不仅可以缓和谈话的气氛,也有助于放松自己的心情。

　　(4)会谈环境

　　客户经理需要提前确定面谈在哪里进行,是在客户办公室,还是把客户请到银行的办公室,或是约到安静的茶室或是咖啡馆等。一般来说,见面的地点通常由客户来确定,这样能够充分体现出客户经理对客户的尊重。

　　5.做好销售预演,呈现最佳状态

　　在拜访客户前,客户经理可以进行一次预先演练,这是销售准备中很重要的一个环节。它主要有两方面的作用。

　　(1)能避免一些低级错误

　　客户经理在与客户接触的过程中,常因为一些形象上的细节问题及自己的不良习惯,如眼神游离、喜欢跷二郎腿等问题,给客户留下不好的印象等。

　　(2)预知客户的问题或需求

　　在与客户交流的过程中,如果客户谈到的问题有可能是预演中出现过的,这时候客户经理不但不会紧张,反而会很有自信赢得客户。

成功案例

××银行的客户经理李行与客户王总约定好,本周五在其公司楼下的咖啡店见面,聊一聊有关公司开户存款的问题。为了与客户有一个最佳的沟通状态,客户经理李行周四晚上很早就休息了。第二天出发前,他根据自己制定的"形象自检清单",检查一遍自己的形象。他的"形象自检清单"如表2-6所示。

表2-6　形象自检清单

项目	要点	内容	自检
个人卫生	头发	是否有头屑	
	鼻子	是否修剪过鼻毛	
	耳朵	耳朵里是否清洁干净	
	牙齿	牙缝里是否有食物残渣	
	指甲	是否需要修剪,是否干净	
	口气	是否清新	
	胡子	是否刮干净了	
服饰仪容	衣服	风格、色彩、款式、材质是否符合	
	配饰	男士:鞋子、袜子、领带和皮带等是否符合	
		女士:鞋子、袜子、耳环等是否符合	
	妆容	化妆、发型等是否符合	

到了银行,领导建议和李行进行一次模拟演练和反串演练。在演练的过程中,原本以为准备充分的李行暴露出了许多问题。比如,他一坐下来就不自觉地跷起二郎腿,然后晃来晃去。去见客户时,李行提前15分钟到达了王总的办公室,心里一直告诫自己不要出现刚才演练中的问题。

在与王总的谈话中,李行的言行举止很得体,而且王总提出的问题,李行也在演练中思考过,所以回答问题时胸有成竹,给对方留下了好印象。会谈结束时,王总明确表示将准备好资料,在李行所在的银行办理相关业务。

案例中的客户经理李行在拜访客户王总前,进行了准备和演练,给销售的成功开展提供了很大的帮助。如果客户经理没有进行销售前的演练,那么在拜访客户时大多时候会感到紧张,回答客户问题时也常会结结巴巴。因此,预先演练环节是很有必要的。

销售预演的方式可以是客户经理与团队伙伴之间进行互动,时间在 20~30 分钟,可根据具体情况进行调整。

2.2.2　成为问题解决者

优秀的客户经理都是胸怀有益于客户的想法做建设性拜访,在每次拜访前都会问自己一个问题:"这次我能为客户做什么?"本质上,客户经理着重于为客户解决问题,不管在客户层面还是个人层面,或雪中送炭,或拾遗补阙,或锦上添花。好的客户经理说"您"字的频率远高于"我"字,始终关注客户。

世界著名的市场调研机构盖洛普曾对 50 万名销售人员做过调查分析,发现成功的销售人员首先应具备 4 个要素。

(1)持久的内在动力,即有强烈的进取心和对成功的渴望;

(2)严谨的工作作风,即善于制订详细、周密的工作计划,并不折不扣地执行;

(3)扎实的专业能力,即熟知产品和市场,是行业专家(自己的和客户的);

(4)强烈的客户意识,即真诚,能与客户建立良好的关系,站在客户的立场看问题,致力于为客户解决问题。

客户经理通过与客户的合作,应发现真正满足客户需求的不只是金融产品,而是由产品承载的问题解决方案。一名优秀的客户经理,致力于成为客户的顾问。

✎本章总结

1. 客户经理与客户提前预约:(1)注意选择打电话的时间;(2)内容简洁明了,注意二择一法则的运用;(3)态度诚恳,保持微笑。

2. 客户经理应做好充分的准备,学会做建设性面谈:(1)从服务客户的角度来说,要带着构想去见客户;(2)从自身准备的角度来说,要有成为客户问题解决者的思维。

3. 客户经理在做建设性面谈前,应做好以下三方面的准备工作:(1)预热准备:专业形象、良好心态、名片与材料;(2)客户信息:信息收集、客户分析、需求检视;(3)面谈准备:面谈目标、面谈策略、面谈流程演练。

课后练习

小组演练:以小组为单位,设计一份拜访计划表,如表 2-7 所示。

表 2-7 拜访客户计划表

客户名称	拜访地点	成行方式
客户基本情况		
竞争对手情况	竞争对手1	
	竞争对手2	
拜访准备达到的目的		
客户可能需要的服务		
银行准备提供的产品		
拟定向客户介绍哪些情况及提供哪些宣传材料		
需要进一步了解的问题		
拜访开始的策略		
	可能提出的问题	回答
客户可能会提出哪些问题及如何回答		
	可能提出的异议	处理方法
客户可能会提出的异议及处理方法		
客户拒绝时的策略		
如果是联合拜访,应该关注以下问题		
客户经理姓名	协办客户经理姓名	
集体讨论时可能遇到的问题及解决办法		

项目三

开场建立联系, 赢取客户好感

面谈的开场是客户经理给客户的第一印象, 是客户了解客户经理风格、专业水平和准备工作的详尽程度的窗口, 决定了客户对本次面谈的期待程度。第一印象具有不可磨灭的力量, 第一印象总是最鲜明、最牢固、最深刻的, 并且关系到交往能否继续, 以及交往的程度, 是以后交往的基础。多数客户在与客户经理第一次接触时, 都会本能地竖起防卫的盾牌, 使双方之间形成一种紧张的状态。因此, 客户经理在与客户正式面谈的过程中, 开场非常重要。客户经理亲和成功的开场, 有助于建立面谈融洽的氛围, 赢取客户好感, 让客户同意客户经理提问题、愿意与客户经理交流, 使面谈顺利发展至下一阶段。

3.1 树立良好的第一形象

树立良好的第一形象, 客户经理除了要有专业的形象和积极的心态外, 还要做到以下四点。

1. 语言表达要清楚

客户经理在和客户交谈时, 务必声音响亮, 语言流畅、幽默, 将自己的观点表达清楚, 千万不要支支吾吾、含糊其词。

2. 注意肢体语言和目光接触

肢体语言是人类的第二语言, 客户经理在和客户见面时, 一定要注意优雅得体, 端正自己的站姿、坐相和步伐, 举手投足之间可以表现得热情, 但不可过于亲昵。和客户进行视线交流时,客户经理的目光中要充满热情与诚意,传递出坚定与执着,要表现得专注,但不可以伪装。

3.严格遵守时间

遵守时间是最基本的职业道德。和客户第一次见面时,客户经理最好提前赶到,并借此时间最后检查一遍自己所做的准备。既定的面谈时间结束之后,客户经理要准时离去,一方面显示面谈的机会难得,另一方面也是尊重客户的表现。

✎ 失败案例

王凯是××财富公司的客户经理,他为人直爽、不拘小节,在工作中和许多客户都很聊得来。在一次营销的过程中,他和另一位同事(助理)一起去拜访一家商店的老板。拜访前王凯做了大量的准备工作。

在与商店老板谈话的过程中,王凯尽量展现其活泼的一面,并借助融洽的气氛不断地向客户提问,深挖其需求,希望能够成功签单。其间,客户时不时地招呼店里来的顾客。王凯觉得打扰了客户做生意,连说道歉的话,客户也表示没事。

快到中午的时候,同事觉得应该离开了,就暗示王凯。可王凯觉得客户肯定还有需求可挖,就又问了客户几个问题。最后,客户实在忍无可忍,只能对他俩说:"我一会儿要回家吃午饭了,就不留你们了。"

王凯和同事听后觉得尴尬极了,匆忙收拾好资料就告别离开了。在回公司的路上,王凯突然想起来连客户的资料都没填写。

像王凯这样的客户经理在工作中并不少见。在拜访客户时,客户经理应懂得选择什么时间离开,并通过细心观察客户的行为表现决定是否离开。

4.注重客户的"情绪"

每个人都会有情绪的高潮期和低潮期。客户情绪的变化是无法事先掌握的,如果初次会面时,觉察到客户的情绪处于低潮,注意力无法集中,客户经理就应该当机立断,果断结束谈话,预约下次会面的时间,礼貌地起身告辞。这时的撤退不是放弃,而是给客户空间,以便于下一次营销。

3.2 亲和开场

我们知道,在体育比赛之前,需要做一些热身运动。与客户的开场就相当于营销行为的热身运动。有效的开场可以使双方解除心防,在一种轻松的氛围中进行交流。一个亲和的开场由问候/自我介绍、拉近关系、承前启后和目的/议程4个方面组成,开场客户经理需要告诉客户"你是谁"以及"你为什么在这儿"。亲和开场的流程如图 3-1 所示。

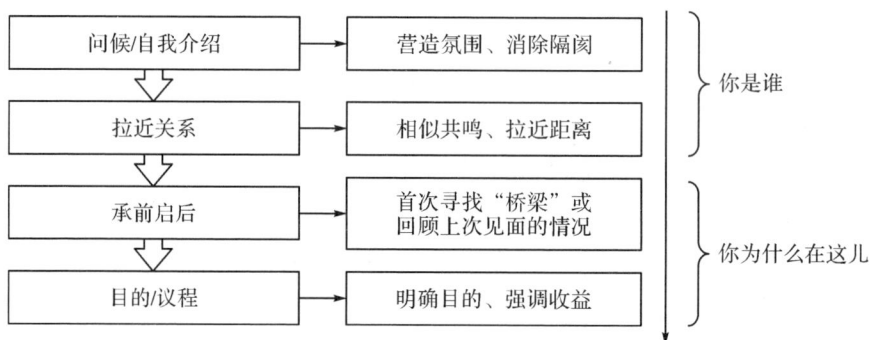

图 3-1 亲和开场的流程

3.2.1 自我介绍/问候

1. 自我介绍

许多优秀的客户经理用自己的亲身经历告诉我们,面谈的初始,不是向客户介绍金融产品,而是向客户介绍自己。几十秒的自我介绍,语言简单,却是意味深长。

自我介绍的原则:对自己的工作经历要扬长避短,在抬高客户的同时,也要抬高自己的专业水平。介绍时间不宜过长,控制在 1 分钟以内,但描述要包含细节。自我介绍示例如表 3-1 所示。

▶ **注意点**

如果不是首次面谈,客户经理可省略自我介绍这一步,根据客户感兴趣的话题开场。

▶ **话术示例**

表 3-1 自我介绍示例

问候＋递送名片	王总,您好,我是李华。这是我的名片。
介绍自己及所在金融机构的职位	我是××银行××分行的理财经理,专门为高净值客户提供国内稀缺的专业全球化资产配置服务。
经验与成绩	我有 6 年的高端客户财富管理经验,加入××银行之前我曾供职于××,拥有理财规划专业资格;我现在服务 80 位客户,帮助他们管理 2.4 亿元体量的资产。
荣誉与身份	我是××商会的副会长/理事,经常参加关于××的会议。或我是公司的明星员工,获得客户的充分认可。

2.居间介绍

当客户经理不是独自拜访客户时,对于一起来的其他同事,客户有优先知情权。客户经理应先依次介绍团队同事给客户,再介绍客户给同事。

▶ **话术示例**

(1)突出同事的专业度:职位＋姓名＋专业/实力证明。

"王总,这是我们分行理财部投资经理张敏,分行理财产品的培训与投后都是由她负责。"

(2)突出客户的尊贵与地位:客户尊称＋称赞专长或优势。

"这位是王总,是××公司××部门的总经理,是××领域叱咤风云的人物。"

视频 3-1 介绍的顺序
视频 3-2 居间介绍的错误示范

3.2.2　拉近关系

客户经理在和客户的接触过程中,首先要让客户放松下来,客户才会畅所欲言,才能建立轻松的谈话气氛。

1. 对新客户寒暄赞美,对老客户关心问候

寒暄就是唠家常,比如说,谈一些轻松的话题,聊一些客户关心的问题,说一些互相恭维的话等。寒暄看上去很简单,但功效却不可忽视。唠家常似的寒暄可以缓解第一次接触时彼此的紧张状态,解除双方的警惕心,缩小距离感,从而建立起可信赖的关系。几句得体的寒暄会使气氛变得融洽,有利于顺利进入正式交谈。

资料 3-1 一见面就冷场,该怎么开场

对客户的寒暄赞美可以从以下 5 个方面入手。

思路 1:从面谈地点周围的道具中寻找话题。

▶ **话术示例**

(1)"您公司的 logo(徽标)设计得很有艺术感,请问是有什么故事吗?"
(2)"这家××咖啡/饮料挺不错的,您喜欢什么口味?"

思路 2:从对方身上寻找话题,包括客户的外在服饰、身材、气质等。

▶ **话术示例**

(1)"您的身材保持这么好,您一定是一个非常自律、有品位的人。"
(2)"您这款包很像知名设计师××设计的,是××品牌吗?"
(3)"您的站姿特别优雅,很像明星,您学过舞蹈吧?"

思路 3:从客户当时的状态寻找话题——心情、表情、状态等。

▶ **话术示例**

(1)"第一次与您见面,您本人果然如同我在跟您打电话时感受到的一样,特别有精神!"

（2）"您的气色/心情看起来真不错，一定是有什么好事发生吧?"

（3）"感觉您有点疲惫，最近是不是事情有点多?"

思路 4：从客户从事的行业开始引入话题。

▶ **话术示例**

"张总，电子竞技行业现在很火啊，您在这个行业又很资深，以后要多多向您请教!"

思路 5：利用介绍人的说辞引入话题。

▶ **话术示例**

"李总，王总把您推荐给我，王总对您的评价很高啊，他说您不但事业成功，而且为人低调谦虚，待人亲和真诚，今天认识您，真是我的荣幸!"

2.巧妙迂回，借题外话拉近彼此的距离

在销售过程中，当客户经理听到客户说"我对这个很感兴趣"，"我很喜欢这种类型的理财产品"时，往往就像抓住了救命稻草一样，"穷追不舍"地向客户介绍关于"感兴趣"的产品的好处，滔滔不绝，说到客户厌倦为止，说到客户离开为止。许多客户经理对此十分困惑，为什么客户对产品很感兴趣却又不购买呢?

日本寿险业的"推销之神"原一平在谈到自己多年的面谈经验时说："简单的题外话是建立人际关系的基石，也是向客户表示关心的一种行为，它的内容和方法使用是否得当，往往是成交的关键。所以，我们要更加重视。"

在面谈的初期，恰当地和客户聊一聊一些其他话题，不失为一种良策。一些看似无关紧要的话题，却能在初次见面时消除双方的心理芥蒂，拉近彼此之间的距离，使面谈更顺利地进行。

保险客户经理小蔡在初次接触客户时,成功推销了一款儿童保险。

小蔡:"您好,张先生,这是我的名片。"

递上名片后,小蔡环顾了一下四周,发现客户的桌子上摆着许多优秀员工的奖杯。

小蔡:"您获得过这么多的荣誉,真是我们学习的榜样啊。"

张先生:"哪里哪里,你过奖了。"

小蔡:"您家里布置得真是别致! 咦,这张照片上是您的儿子吧?"

张先生微笑着说:"是啊。"

小蔡:"孩子也报了不少特长班吧?"

张先生:"可不是,现在这些孩子教育方面的花费太高了。培养一个孩子真是不容易啊。"

小蔡感同身受:"是啊,哪个父母不想让自己的孩子成龙成凤呢? 为了孩子投资再多也是心甘情愿的。"

张先生点点头:"是啊! 为了孩子,我们辛苦点也没什么。"

小蔡:"您有没有想过为孩子储备一些教育基金呢? 等孩子上大学的时候,就不用为他的学费发愁了。"

张先生:"那倒没有,不过你的提议确实很不错。"

小蔡笑着说:"是吗? 张先生真是一个有远见的人啊! 如果您有这方面的需要的话,我很乐意为您服务。"

这时,小蔡才把他准备已久的保险单拿出来,为张先生做具体的介绍。

在上面这个例子中,客户经理就是通过看似无关的题外话,一步步地将话题引向自己的保险产品,客户在不知不觉中已经开始慢慢接受和信任客户经理。

3.与客户聊彼此的共同点,让他们觉得客户经理是"自己人"

在拜访客户时,如果能让客户感到客户经理是"自己人",那么客户经理与客户聊到一起的概率就更高,彼此间的关系就更融洽。这是因为人与人之间相处时,喜欢找出彼此的"共同点",愿意同与自己具有相似之处的人交往,这种相似可以是个人嗜好、性格特征、生活习惯、穿着谈吐、经历见闻等。相似点越多，彼此之间的亲和力就越强，就越能接纳和欣赏对方，也就越容易沟通。

因此，客户经理在拜访客户时应该首先建立彼此的共鸣，尽量先谈一些无关的话题。例如，彼此的经验、嗜好或家庭，让双方多了解一下，发现彼此的共同点。这样，客户经理才能找到与客户的共同话题，从而打开谈话的局面。

✎ 成功案例

客户经理李某到一个财务处长家里拜访，想称赞他是书香门第，但他家里没有藏书；想称赞他的家居布置，可他的家具都是旧的。万般无奈之时，李某突然看到客厅墙上贴着五张奖状，上面写着处长女儿的名字。他事先已了解到处长的女儿在清华大学读书，而自己的儿子正在读高中。他灵机一动，郑重其事地问道："李处长，您是怎么把女儿培养成考上清华大学的高才生的？我想取取经，把我的儿子也教育得这么优秀。"财务处长一直认为自己最大的成就就是培养了一个高才生女儿，便滔滔不绝地讲了起来："其实我女儿小时候不爱学习……"

在这个案例中，客户经理发现客户家中女儿的奖状，结合之前了解的关于客户女儿读书成绩优异的信息，于是，把话题转移到子女教育上，这样交谈氛围变得融洽起来，客户对客户经理也就亲切了起来。

有些客户经理在面对客户时，为什么会有"话不投机半句多"的感觉呢？原因是交谈双方的兴趣点不一致。而一旦客户经理找到了客户感兴趣的话题，客户就会变得非常愿意沟通，有表达的欲望，那么沟通就变得比较容易了。所以，跟客户建立信赖感，就要谈他感兴趣的话题。

人上一百，形形色色。面对不同的客户，客户经理需采用不同的沟通话题，话题一定要能激起客户的共鸣，如此客户才会愿意跟客户经理敞开心扉，进而对客户经理产生信赖感。那么，不同类型的客户，其感兴趣的话题都有哪些呢？

（1）少年：喜欢谈他（她）们的偶像。

少年时代是个多梦的年代，每个少年都有自己的偶像。因此，聊聊他们的偶像，会很容易与他们拉近距离。这个年龄段的孩子逆反心理比较严重，所以千万不要跟他们对着干。

（2）青年：女性爱谈美丽和时尚，男性爱谈理想和成功。

青年女性是美丽和前卫的追随者,所有与青春和时尚有关的事物都是她们所津津乐道的话题。时装、美容、瘦身等一般是她们所关注的,这些话题她们聊起来也会口若悬河,乐此不疲。如果想和她们拉近距离,不妨从这些话题开始。

对于20多岁的青年男性而言,他们刚刚步入社会,但他们志向远大,渴望成功,只是缺乏资历和阅历。他们最关注的就是如何规划自己的人生,如何取得成功。因此,谈梦想、谈未来,最能吸引他们的注意力。

(3)中年:成功男性爱聊事业,普通男性爱聊生活;女性爱聊孩子教育。

中年男性客户可以分为成功的中年男性和普通的中年男性两类。成功男性最爱聊的是事业,尤其是创业史、发家史。越成功的人,越爱分享这些,越希望得到别人的认可和尊重。所以,创业史和发家史成了成功男性津津乐道的话题。

✏️ 失败案例

某经销商每年的销售额超过亿元,在全国有24家分公司,很适合开设网上银行业务。这家经销公司的高老板,是从农村打拼出来的民营企业家。

客户经理小王找到高老板,向他介绍网上银行业务的优点。高老板说:"我是民营企业家,你们的网上银行业务虽然方便快捷,但如果我的资金都存到网上银行的账上,税务局一查不就全查出来了?我要多缴很多税款呢!"

小王不假思索地脱口而出:"高老板,难怪您是乡镇企业家⋯⋯"

高老板最反感别人说他是从农村出来的乡镇企业家,他马上打断了小王的话,不耐烦地说:"你走吧!你走吧!我就是土老帽儿一个,你赶紧走吧!"

✏️ 成功案例

客户经理小刘:"高老板,您是不是有个称号,叫作'现代经销商第一人'?"

高老板:"哪里,哪里!"

客户经理小刘:"您太谦虚了! 我听别人说过,您给一个大型国有商业银行总行讲过课,能给那么多企业老总、银行领导和员工讲课,说明您的水平很高,您可真是真人不露相啊!"

高老板:"你是怎么知道的?"

一个民营企业家在大型国有商业银行总行给企业老总、银行领导和员工讲课,这确实很难得。客户经理小刘一下子找到了高老板感兴趣的话题,之后他做了高老板的耐心听众,听他讲自己经商过程中惊心动魄的经历,并不断地做出回应,赞美他,如"您做得真好!""您真会把握时机!""您太有水平了!"等。

针对普通的中年男性,就聊平平淡淡的生活。对他们来讲,平平淡淡才是真正的生活,平平淡淡才是人生的真谛。他们已经过了而立之年,事业上没有太大的成就,也没有其他值得炫耀的地方。其实,他们也不是不想努力,也想用心付出,想做得轰轰烈烈,但由于种种原因,他们在事业上并没有取得太大的成就。

针对中年女性应该聊孩子,具体来讲,就是孩子的教育问题。中年妇女最关心的是孩子的教育问题。作为母亲,她们觉得一定要把孩子教育好,如果你和她们说起哪里新办了一个辅导班,哪里开办了一个演讲口才夏令营,什么方法可以提高孩子的成绩等,她们一定会兴趣盎然地听你讲下去。

(4)老年:女性最爱聊健康,男性最喜欢聊过去的辉煌经历。

老年女性客户大都没有事业的牵绊,会将精力放在自己的身上,关注如何愉快地度过自己的晚年生活。而人到老年,身体就会大不如前,如何健康生活便成了老年人关注的一个重要话题,这个话题也就最能吸引她们的眼球。稍微留心一下就会发现,早上晨起运动最多的是老太太,保健品推广会上听众最多的也是老太太。为什么呢? 因为她们更重视身体健康问题。

健康虽然也是老年男性关心的话题,但最能激发他们沟通兴趣的还是回忆他们过去的经历。一个男人走过自己的大半生,总有一些值得骄傲和回忆的事情。谈及这些,他们就特别有感觉,特别愿意与人聊天。这个阶段的男性通常都是退休在家,没有了职务和权力,内心很容易形成强烈的失落感,唯一值得骄傲的就是他们丰富的经历和辉煌的历史。

▶ **提示点**

客户经理的自有客户,可以从朋友圈入手,了解客户生活、孩子、工作等与其自身及身边人或事关联的信息。

总之,想让客户建立对你的信赖感,把你当成"自己人",就一定要找到对方感兴趣的话题。在对共同兴趣、爱好、经历的交谈中,双方会制造出情感上的共鸣。这个时候再与客户聊金融产品,结果自然会比较理想。

▶ **小组讨论**

根据不同的案例,每组设计与客户寒暄的方案。面谈案例参考项目二中的表 2-3 至表 2-5。

3.2.3　承前启后

结束寒暄后,客户经理将谈论话题转向面谈的正式内容,中间需要有一个承前启后的过渡部分,使得与客户的交谈不会转折太突兀,显得目的性太强。通过承前启后的过渡,客户经理就应明确告诉客户与其面谈的目的,切入主题,开启面谈的正式议程。

针对不同类型的客户,承前启后采取的话术策略有所不同。

1.针对首次面访的陌生客户

(1)通过转介绍或是公司指派的客户,客户经理可以通过提及介绍人、前客户经理或是共同的爱好作为与客户建立联系的桥梁。

▶ **话术示例**

"您的好朋友王总是我们这里的老客户了,相信他和您提过我们的一些理财产品。听他说您对我们公司的××产品比较感兴趣。"

(2)通过公司活动、论坛、展会等获得的客户,客户经理可以通过回顾活动,询问客户感受和建议,并邀请客户参加后续活动建立联系的桥梁。

▶ 话术示例

"您上次参加的宣讲活动感受如何？我们会定期举办类似的活动,请问您比较喜欢哪些类型的活动,到时候有类似活动,我及时通知您,看您是否有时间参加。这次呢,主要是想和您谈一下上次宣讲活动中提到过的……"

（3）自有客户。

1）若是通过周边资源,自己发掘的客户,客户经理可以通过客户的生活、孩子、工作等与自身及身边人或事相关的信息作为过渡。

▶ 话术示例

"我在您的朋友圈里看到,您最近分享了一些关于医疗行业投资的报告,医疗行业是现在一级市场的投资热门,正好我们最近推出了一款专注投资医疗行业的母基金。"

2）若是跨机构的客户,客户经理可以通过表达希望一直为客户提供更好的服务作为过渡。

▶ 话术示例

"您也知道我换工作了,选择目前这个银行/保险/证券/财富管理行业对我自己的发展前景也会更好。我发现××公司有很强的专家团队,特别专业。非常感谢您过去对我的支持,我也想把这份专业价值给到您,为您提供更全面丰富的金融服务。这次来呢,主要是想和您谈一下……"

2.针对非首次面访的客户

客户经理可以通过简要重复上一次会谈的关键点作为过渡。

▶ 话术示例

"上次我们沟通过关于银行/保险/证券/财富管理行业的未来趋势,您比较注重投资的安全性,我非常认可。所以,这次给您带来了一款固定收益类的产品……"

3.2.4　目的/议程

在开场的最后,客户经理要明确地告诉客户前来面谈的原因。这个过程主要分为三步:明确目的、强调利益和确认提问。

1.明确目的

明确目的主要是告诉客户,客户经理与客户的面谈是为了解决客户的问题,而并非简单的销售。这个过程需要客户经理在面谈客户前,对此次面谈的客户资料、产品资料等有充分的准备。

2.强调利益

在这个步骤中,客户经理要迅速结合客户的需求点,切入谈话主题,不要浪费客户的时间。同样,客户经理也不要太早说出已准备好的产品解决方案,而是侧重于为客户解决问题后能为客户带来的切身利益。

3.确认提问

在这个步骤中,客户经理向客户询问对之前的谈话内容是否认同,让客户认同后续提问是合理的,为下一步做好铺垫。

3.2.5　开场语言技巧

客户经理如果能够积极表达自己的情感,向客户敞开心扉,那么客户自然能够感受到客户经理的善意,从而达到双方的心灵相通。在现实中,很多客户经理囿于惯性思维,很难迈出真实表达自我的第一步,将情感束缚在固定的语言模式内,令寒暄变得呆板枯燥。因此,客户经理如果想要让开场听起来充满感情,那么不管是喜欢客户的发型,还是偏爱客户的性格,都不妨第一时间大胆地表达出自身的真实感受。

视频 3-3 开场语言技巧

客户在面对陌生的客户经理时,通常会因存有顾虑而拒客户经理于千里之外,如果这时客户经理能够用充满关爱的话语作为开场,就能很好地消除客户的抵触心理。

面谈的目的是让客户签单,但营销的过程不仅仅局限于金融产品,而是要通过客户经理或温婉,或激情,或自然,或爽快的语言传递给客户一种友好的情感,这样才能达到客户经理想要的效果。

为了让客户经理的语言更具有亲和力,需要注意以下 3 个方面。

1.多说"请"和"谢谢"

"请"和"谢谢"是与客户建立融洽关系以及提高客户忠诚度的有力言辞,这些用语说起来方便简单,但很容易愉悦客户的心。当客户经理向客户表达感谢或是施以礼貌的请求时,其在客户心中的地位就已经有所提升了。多说"请"和"谢谢"不但能提高自身的修养,更有助于你获得客户的签单。要想接近客户,获得客户的好感,就要先让他产生宾至如归的感觉,让他感受到你的亲切和关怀,这样做面谈就容易多了。

2.语言要清新委婉

如果客户经理的语言生硬平淡,客户自然会远离你;如果客户经理能像太阳一样给客户送去温暖,给客户带来光明,自然会博得客户的欢心。例如,客户经理适当地使用一些结尾语气词。在一句话的结尾加上"吗""吧""啊""嘛"等词,就会使客户经理的语气带有一种商量的口吻,不会那么生硬。

3.要给客户留面子

在与客户谈判交流的过程中,客户经理不能咄咄逼人,出口伤人,学会为客户保留面子是最基本的一条原则。客户经理要学会"利用面子"来获取更多的机会和财富。

没有人喜欢被反驳,当客户经理与客户的看法出现出入时,不要直接表示否定。首先,客户经理应口头认同客户的观点或意见,表明你在倾听且非常投入;其次,客户经理应站在客户的角度考虑问题,展示同理心,给出同理回应,陈述要考虑客户的想法和情绪;最后,客户经理应表达自己的看法或是提出一些新的建议。

本章总结

1.开场建立联系的目的:建立融洽的氛围,赢取客户好感,让客户同意客户经理提问题、愿意与客户经理交流,使面谈顺利发展至下一阶段。

2.树立良好的第一形象:(1)语言表达要清楚。声音响亮,语言流畅、幽默。(2)注意肢体语言和目光接触。(3)严格遵守时间。提前赶到,准时离去。(4)注重客户的"情绪"。

3.一个亲和的开场由问候/自我介绍、拉近关系、承前启后和目的/议程 4 个方面组成,开场客户经理需要告诉客户"你是谁"以及"你为什么在这儿"。

4.自我介绍的原则:扬长避短,抬高客户,抬高自己,介绍时间不宜过长。

5.拉近关系的注意点:(1)对新客户寒暄赞美,对老客户关心问候;(2)巧妙迂回,借题外话拉近彼此的距离;(3)与客户聊彼此的共同点,让他们觉得客户经理是"自己人"。

6.开场语言技巧:(1)多说"请"和"谢谢";(2)语言要清新委婉;(3)要给客户留面子。

❓ 课后练习

小组演练:分组进行面谈开场演练,完整演练面谈流程,顺利达成进入正式面谈的目标。小组内选出两位同学扮演客户、客户经理,其余作为观察员。演练完成后,客户经理、客户和观察的同学对此次演练的结果进行讨论,提出可以改进的地方。

项目四

发掘需求、实战技巧

　　需求是成交之本,问题是需求之母。客户经理始终有机会基于自己所在金融机构的特定资源或优势,为客户或雪中送炭,或拾遗补阙,或锦上添花,通过解决客户的问题赢得订单。

4.1　需求是问出来的

💡 **想一想**

购买以下产品时,你会考虑什么? 怎样能够让你快速下单?

(1)衣服:你会考虑哪些问题? 你会考虑多长时间?

(2)汽车:你会考虑哪些问题? 你会考虑多长时间?

(3)投资 500 万元:你会考虑哪些问题? 你会考虑多长时间?

资料 4-1 为什么要做客户需求挖掘

✏️ **失败案例**

　　中国移动的客户经理准备向一家啤酒制造企业推介"企信通",一种能够大量发送短信的业务。

　　客户经理:"早上好,张主任,再过些天就是春节了,先送上新年的祝福,谢谢您一直以来对中国移动的支持!"

张主任:"呵呵,谢谢,你们做得也不错啊。"

客户经理:"谢谢主任!这次来,希望能够向您推荐一种帮助企业增进内部沟通、促进销售管理的通信方案,您看可以吗?"

张主任:"好啊,你们产品还挺多的。"

客户经理:"是的,主任,我们这款'企信通'的产品具备短信群发功能,可以即时或定时发送,还有邮件提醒、日程提醒、资料管理和费用统计等功能,挺有用的。"

张主任:"这么多功能啊。这样,你先把资料留下,回头有时间我再看看。"

客户经理:"好的,主任,有什么没有写清楚的,您随时给我电话!"

这是一段简单、生硬的对话,典型的产品销售,推销的痕迹很重。对话不痛不痒、蜻蜓点水,估计销售人员一出门,客户就再也不会看相关资料了。拜访结束之后,客户还是不知道这个产品能为自己带来什么利益,能够解决什么问题,为什么一定要买这个产品。简而言之,需求为零。

✎ 成功案例

如果换一个销售方式重演一次。

客户经理:"早上好,张主任,再过些天就是春节了,先送上新年的祝福,谢谢您一直以来对中国移动的支持!"

张主任:"呵呵,谢谢,你们做得也不错啊。"

客户经理:"谢谢主任!这次来,希望能够向您推荐一款综合应用金融科技手段,紧密银行与企业的联结,为企业提供一站式全场景服务的 APP,您看可以吗?"

张主任:"好啊,你们这个产品功能还挺多的。"

同样的开场,但接下来客户经理没有继续说,而是开始问。

客户经理:"主任,您在全省有 500 多个促销员,公司是怎样将内部信息发送给他们的呢?"

张主任:"什么信息?"

客户经理:"比如说降价、促销或者放假的通知。"

张主任："哦,我们打电话通知。"

客户经理："打电话? 这么多人,那么嘈杂的环境,会不会很费事啊?"

张主任："你是说……?"

客户经理："是这样,促销员都在柜台忙碌,万一接不到电话怎么办? 另外,降价信息通过电话通知没有书面记录,会不会搞错? 我上次和促销员在一起的时候,就听到他们有这样的反映。"

张主任："是吗? 这你还真提醒了我,有过这种情况!"

客户经理："主任,如果经常因此搞错定价,您的工作是不是很被动啊?"

张主任："当然很被动!"

客户经理："那您想到过解决办法吗?"

张主任："……"

在客户眼里,客户经理不是在推销,而是在帮助自己发现问题并试图解决问题,专业且用心。实际上,这正是客户经理引导客户发现需求的过程,从无到有,比推销高明很多。

客户经理："还有,您在各个店面的促销员是怎样将信息发送给公司的呢?"

张主任："一般的事情打电话,有时候发邮件,没有固定的方法。"

客户经理："没有固定的方法? 这样就不能及时收集每天的销量和库存了?"

张主任："我们现在一个月报一次销量和库存。"

客户经理："是吗? 张主任,你做的是快消品,这样会不会对您的销售管理造成困难呢?"

张主任："是啊,别提了,经常出错!"

客户经理："张主任,××公司也是我们的客户,和贵公司的销售模式类似。××用企信通短信平台向促销员发送降价和促销信息,促销员也用这个系统每天上报销量和库存情况,取得了很好的效果。张主任,这对您解决目前信息传送和销售管理问题是不是很有帮助呢?"

要想帮助客户发现需求,引导客户采购,就需要客户经理在拜访前仔细研究客户资料。访谈中,关注对方运营中的问题和难点,促发客户改变现状的想法,进而提供解决方案,完成一个从"诊断"到"开处方"的过程,达成交易。

杰弗里‧吉特默(Jeffrey Gitomer)是全球著名的销售及客服专家,被誉为全球最佳销售教练。他为 IBM、AT&T、可口可乐、希尔顿酒店、西门子等企业组织过多个培训项目和销售会议。在其著名的《销售圣经》一书中,有三句经典的语录:

(1)人们基于自己的理由而非你的理由选择购买。所以,首先要找出他们的理由。

(2)人们不喜欢推销,但喜欢购买。"他们为什么购买"远比"如何销售"更重要。

(3)人们不会关心你在做什么,除非他们认为你的产品有助于他们的成功。

这三句话昭示了同一个道理,即销售以人(客户)为本。首先要找出"他们的理由"。问比说更重要,所以要了解"他们为什么购买",发现真实的需求。客户关注的不是产品本身,而是需求是否得到满足。因此,客户不会关心你在做什么,除非他们认为你的产品有助于他们的成功。

上文中,中国移动的教学案例虽然深刻,但不免有些理想化。现实中,客户不可能如案例里的人物那样配合。那么,真实的需求从何而来,又是如何发生的呢?看看江山农村合作银行(现为浙江江山农商银行)的贷款业务案例,客户经理是如何获取客户需求的。

✎ 成功案例

1. 客户背景

郑某,经营猪场,一直接受当地农业银行提供的贷款服务。客户现计划再承包本村 100 亩山场,准备扩建新的生态猪舍。资金基本可自给自足。

2. 需求调查

江山农村合作银行获悉这一消息后,客户经理前去拜访,了解到郑某计划建二级生态猪舍五幢,投资近 150 万元。通过市场调查,客户经理发现业内已经有技术含量更高的零排放猪舍,也更容易通过环保部门的审查许可,并有优惠政策。对此类政府支持项目,合作银行方面有专项的贷款产品。

郑某知道后提出想参观该猪舍,客户经理于是安排了一次观摩行程,陪同郑某去往一处零排放的生态猪场现场考察。参观后的郑某眼界大开,对这一新技术非常满意。之后通过成本核算,项目需要近 200 万元的预算,这样,郑某就面临 50 万元的资金缺口。自此,贷款需求浮出水面。

3. 跟进服务

郑某一直与他行合作，对江山农村合作银行而言，有需求但未必有机会。客户经理继续跟进，告知郑某江山农村合作银行有款产品就是涉及生态猪舍建设的优惠贷款（其实其他银行未必没有，但销售的一个法则是眼见为实）。接着，客户经理又随同郑某去环保部门咨询，帮助他准备资料，填写表格。只要通过环保部门的审批，该项贷款即可发放，利率较一般贷款低。

郑某对生态猪场的前景着实心动，但鉴于投资高于预期，还是有些犹豫。客户经理再次跟进拜访，分析投入产出比以及业内成功的案例。最后，郑某终于下定决心，两人就在猪舍内敲定项目，郑某向江山农村合作银行正式提出了 50 万元的贷款申请。

客户需求从何而来？从上面的案例中可以看出，需求是客户经理"问"出来的、"听"出来的，以及基于对客户业务的洞悉，用眼睛和腿脚"找"出来的。客户经理首先必须善于提问、倾听、观察、分析，找到客户的痛点。

不过，如何对客户进行营销，本身不足以决定客户是否能产生需求。就客户自身而言，什么时候才会有需求？答案是：当他们有问题的时候。客户经理根据客户的疑问，一一拿出解决方案，让客户产生"改变"的想法，最终就会形成需求。

4.2　需求挖掘流程

4.2.1　客户需求的路径

视频 4-1 客户
需求的种类

每一个客户都有两种消费需求：一种是明确需求，即明确知道自己想要什么的需求；另一种则是隐性需求，即自身并没有意识到的需求。金融机构客户经理在满足客户显性需求的基础上，还要尽可能地挖掘其隐性的需求（见图 4-1）。

图 4-1 不同的需求

　　明确需求(强烈的意愿或需要):客户对愿望和需求的具体陈述。例如:我需要一个高收益的股权类产品;我要规避汇率方面的风险。

　　隐性需求(没有意识到的):客户对难点、苦难、不满的陈述。例如:现在的投资收益不够高;不确定哪些项目可以投,哪些不可以。

　　在现实的营销过程中,客户直接抛出明确需求的可能性极低。客户经理要通过客户基础信息背后的痛点,挖掘客户的隐性需求;然后,从揭示隐性需求开始,通过提问的方式将其转变为明确的需求。客户需求挖掘路径如图 4-2 所示。

明确需求
隐性需求是一个起点,从揭示隐性需求开始,并通过提问的方式将其转变为明确的需求

隐性需求
通过客户基础信息背后的痛点,挖掘客户的隐性需求

现实情况
客户处于安于现状的幸福中,直接抛出明确需求的可能性极低

图 4-2 客户需求挖掘路径

需求挖掘是营销过程中最重要的阶段,如何有效通过提问与对话,收集客户信息和引导购买需求,直接关系到营销的成功与否。

一般在营销过程中的提问分为四类,每一类问题都有不同的目的。

(1)背景问题:找出有关客户在日常生活或工作中的现状、计划或关注点。

(2)难点问题:发现和理解客户可能存在的问题、困难或不满。

(3)暗示问题:揭示问题如果得不到解决将会给客户带来的后果、作用或影响。

(4)需求效益问题:了解和引导客户对于解决问题的回报、效用、价值或意愿的看法。

综合以上提问,客户经理可以形成一套高效销售所需的有利而灵活的操作流程。

1.背景问题

背景问题是用来收集有关客户现状的事实、信息及其背景数据的问题。这类提问通常是必不可少的,尤其是客户经理第一次与客户访谈时,但必须谨慎使用。

视频 4-2 背景问题

这是因为能从背景问题中获益的主要是客户经理,即使双方都从中受益,客户经理也是获益更多的一方,可以收集到有用和有价值的信息。但是,从客户的角度看,把自己的现状告诉一个与自己关系不大,甚至是陌生的客户经理,显然不是一种明智的做法。

背景问题有利于客户经理了解客户的情况,但背景问题与客户经理能否成功关单没有什么正面的联系:在成功的会谈中,客户经理提问的背景问题比在失败的会谈中少;缺乏经验的客户经理比那些有较多经验的客户经理提问的背景问题多;成功的客户经理会提问很少的背景问题,但他们每问一个都会有偏重、有目的;如果客户经理提问太多的背景问题,客户很快就会不耐烦了。

因此,对于背景问题的提问,客户经理要有的放矢、少而精,让每个问题都发挥作用。通过背景问题获得客户的基础信息,一般有家庭、工作、金钱和休闲四个方面,如图4-3所示。

图 4-3 客户基础信息

▶ **话术示例**

(1)"现在家里有小孩吗?"

(2)"您平常这么忙,休假的时候喜欢做些什么呢?"

(3)"您现在主要和哪家银行机构往来比较多?"

(4)"您平常都做哪些投资?"

(5)"除了银行,您还和哪些金融机构进行合作?"

(6)"您过往对于哪些投资项目比较感兴趣?"

(7)"在挑选具体产品的时候,您会更关心产品的收益还是产品项目的风险?"

(8)"您现在从事什么行业?您觉得您从事的行业风险大吗?"

背景问题有很多,客户经理也容易向客户询问太多。关键的一点是,客户经理应确定哪些问题与销售的产品与服务相关,这是提问的出发点。客户经理可以利用很多信息源来收集与客户现状相关的背景资料,而不必非要通过提问得到答案。客户经理必须清楚且关注周围的信息源,并且做好准备工作,有备而来。

2.难点问题

难点问题是针对客户的难点、困难、不满,引导客户说出隐性需求的问题,使客户想要改变现状,产生需求。成功的客户经理应该作为客户利益工作的问题解决者,被客户当作咨询对象。为此,

视频 4-3 难
点问题

客户经理需要熟练运用难点问题,清楚客户存在的问题(现在的或将来的)。如果客户经理不能为客户解决问题,那么就没有合作的基础。对于涉及金额较小的金融产品,客户经理通过挖掘客户痛点,能够快速关单。但是,对于涉及金额较大的产品,客户经理仅靠挖掘客户痛点无法直达关单。

对于客户来说,难点问题比背景问题更有吸引力。客户更愿意讨论他们遇到的问题,而不单单是告诉客户经理自己的现状。难点问题一般分为两类:一类是用来帮助客户经理发现客户的问题、困难或不满的提问;另一类是用来帮助客户经理理解客户的问题、困难或不满的提问。

(1)发现客户的问题、困难或不满的提问。

有时,客户无须引导就会主动说出他们的问题。更多的时候,还是需要客户经理通过设计好的提问来发现客户的问题,或确定客户是否存在某个问题。

▶▶ 话术示例

(1)"您是否做过子女教育规划,在教育方面您有什么担忧吗?"

(2)"您的资产量这么大,有考虑通过什么方式规避金融风险吗?"

(3)"您对金融机构现在提供的服务还满意吗?"

(4)"您对这款理财产品是否满意呢?"

(5)"先生,您觉得您在未来养老方面面临的挑战还有哪些?"

(6)"像您现在事业这么成功,有没有想过给自己做必要的资产配置,实现家庭资产和企业经营风险隔离,让您的资产免受债务的影响呢?"

(7)"这份保险适合现阶段的您吗? 保障足够吗?"

🤔 小提示

虽然客户通常愿意讨论他们遇到的问题,但是有时抛出难点问题会有风险,特别当涉及他们近期发生的投资项目,比如购买了客户经理所在机构的竞品。除非客户在使用中遇到了大麻烦,否则客户经理生硬地谈论这些竞品的问题意味着对客户本人决策的怀疑甚至否定,因而容易招致销售失败。

(2)理解客户的问题、困难或不满的提问。

仅仅确定客户遇到了问题是不够的,客户经理还必须对问题有一个清晰的理解,比如涉及谁、何时、在哪里、为什么、有多少、有几次等。

▶▶ **话术示例**

(1)"您认为该问题为什么会发生?"

(2)"您有多少资产受到了影响?"

(3)"这个问题会给您带来多大的影响呢?"

清楚理解客户所遇到的问题后,客户经理就能更好地评估问题的范围,确定如何部署最佳的解决方案,确定营销过程中的下一个步骤。

通过询问难点问题,客户经理可以帮助客户理清思路,明晰问题。在很多情况下,客户尚未完全注意到或理解他们所遇到的问题,他们可能没有时间、信息或资源来完成分析。客户经理帮助客户真正地理解自己的问题,可以提高客户解决问题的意愿和紧迫感。

❓小提示

> 有时,客户会提出一个你的产品或服务解决不了的问题。在这种情况下,客户经理要慎用难点问题,应该把注意力放在你的产品或服务能够解决的问题上。

▶▶ **小组讨论**

针对背景问题,对应的难点问题会有哪些? 在与客户的沟通中,你将如何通过背景问题过渡到难点问题?

3.暗示问题

暗示问题的目的是客户经理通过探究客户问题背后的问题和影响,帮助客户认识到这些问题的严重性与紧迫性,进而加强客户解决问题的意愿。成功的客户经理被客户视为顾问和问题解决者。为了扮演好这一角色,客户经理必须清楚自己能够解决的客户问题,以及如果无法解决这些问题可能引发的其他问题、产生的影响。

视频 4-4 暗示问题

研究表明,暗示问题与客户经理访谈的成功有密切的关联。优秀的客户经理会更多地运用暗示问题,也因此能更好地发掘客户需求。客户经理通过提问,可以让客户更清楚、更深入地了解问题的所在,可以勾勒出问题的大小、范围和严重程度,帮助客户认识问题的深层影响,这有助于增强客户寻求解决方案的意愿和采取行动的紧迫感。

暗示问题有三种发问方式:向客户询问有关问题的直接后果、作用或影响;把问题扩展到与之直接相关的个人、部门或公司之外。

（1）直接后果

对暗示问题,好的开场白是询问所讨论的问题是如何影响客户的。这样,客户有时间回忆,说出对后果的看法。在某些情况下,客户对问题的影响有清楚的了解,但有时需要客户经理进行引导。

▶ **话术示例**

（1）"您有考虑过万一投资出现了问题,会对您的财富造成严重的影响吗?"

（2）"目前定存的利率太低,通胀率又高,会不会影响到您的退休生活?"

（3）"目前的投资收益率会不会影响您的购房计划?"

（4）"如果您存款的购买力这样缩水下去,结果会是什么样子?"

（5）"您看,20 年前大学学费才几百块钱,现在的学费要一万多了,这就是通胀的效果,再过 20 年,学费就更高了。"

（2）扩展问题

某些问题的影响会超出直接有关的个人和家庭。在和同一客户周边的多位人员打交道时,或需要发掘其家庭成员的需求时,客户经理问这一类暗示问题可能特别有用。

▶ **话术示例**

（1）"在您的企业发生风险,陷入困境时,您该如何保障家人及您个人的生活呢?"

（2）"您的事业这么成功,未来的接班计划跟您的孩子沟通了吗？他有什么看法？他是愿意接班还是有自己的事业发展方向?"

（3）"资金保障不足对您的家人又有什么影响?"

（4）"如果因为经济问题导致学业中断,对小孩的未来会有什么影响?"

如何使用暗示问题是区分一流客户经理与普通客户经理的标准之一。许多客户经理并没有真正理解他们的产品或服务能够解决的问题,或者不理解这些问题给客户的业务带来的影响。一般的客户经理不缺乏产品知识,但对客户的业务状况和市场动向缺乏充分的了解。

优秀的客户经理总是从客户的角度考虑产品的:

(1)以客户为中心,在访谈时预判客户的问题及影响。

(2)事先认真准备提问,而不是在访谈时临时发挥。

(3)知识全面,视野开阔,能帮助客户周密考虑、分析和清晰表述价值诉求。

只有对自身问题和价值诉求有充分的理解,客户才能更好地领会客户经理提出的产品和服务方案的意义。

4.需求效益问题

解决一个问题的价值和意义的问题就是需求效益问题。需求效益问题的意义在于激发客户对解决问题后所能获得的回报、效益的看法以及行动的意愿。这些问题被出色的客户经理广泛使用,营造出访谈的积极气氛,将销售访谈推进到行动和承诺阶段。

视频 4-5 需求效益问题

需求效益问题注重解决方案而不是问题本身,这些问题使客户告诉客户经理他可得到的利益,这样可以营造一种客户经理提供对策和行动方案的积极的气氛。但客户经理要注意避免在销售会谈过程中过早地使用需求效益问题。

这类提问有两种发问方式:一是鼓励客户告知解决问题后客户将会得到的回报;二是确定客户是否有解决问题的意愿。

(1)鼓励客户告知回报情况。

仅仅客户经理相信自己机构的产品和服务对客户有用是不够的,必须让客户也对此深信不疑,交易才能成功。此外,还需要客户有采取行动的紧迫感和意愿。

提高客户需求解决问题意愿的一种方法是讨论客户问题及其影响,以便找出客户问题的大小、范围和严重程度。问题越大,范围越广,程度越严重,客户就越急切地寻求解决方案,这是暗示问题的功效。

另一种方法是问需求效益问题,以了解客户对解决问题后所能获得的回报、价值或效用方面的看法。运用需求效益问题的前提是弄清客户的问题及其影响。

▶▶ **示范话术**

(1)"这对您有什么帮助?"

(2)"这能给您带来什么利益?"

(3)"现在资产配置被认为是最好的投资方式,越来越多的高净值人士选择资产配置,您怎么看?"

(4)"节省出来的银行排队的时间,能否让您用来做别的事情?"

(5)"合理的资产配置除了定期带来稳定的现金流,还能带来哪些收益?"

鼓励客户描述回报可以带来以下 4 个方面的效益。

①使客户把注意力集中在采取行动所能带来的回报上。

②使客户的思维从"消极因素"(问题)转向"积极因素"(解决方案带来的回报)。

③帮助客户建立获取解决方案的决心。

④客户经理获得必要的信息,以确立客户获得回报的范围和优先次序。

这样,客户经理可以根据客户的具体需求、愿望和次序定制解决方案。

(2)确定客户是否有解决问题的意愿。

客户有可能在任何时候表示出购买意愿,如在访谈开始时,在询问难点问题时,在询问暗示问题时,或在询问需求效益问题时都有表现出意愿的可能性。

但有时客户的意愿可能深藏不露或模糊不清。客户即使存在需要解决的问题,知道问题的影响,也能确定解决问题会带来什么回报,也并不意味着客户一定有解决问题的意愿。

优秀的客户经理不会想当然地认为客户有购买意愿,他们会从客户那里寻找蛛丝马迹,实在不能确定时,他们会抛出需求效益问题来激发客户的购买意愿。

▶▶ **话术示例**

(1)"您想要缩短银行排队的时间吗?"

(2)"您是否在寻求一种改善资产配置的方法?"

(3)"提高收益是不是当务之急?"

(4)"您寻求过律师等专业人士的帮助,或者咨询过专门的传承服务机构吗?"如果我们有律师咨询或者专家咨询的安排,您愿意来参加吗? 什么时间方便?

(5)"我们有一款产品也许能解决您的问题,您是否有兴趣了解一下?"

4.2.2 需求挖掘的流程(如图 4-4 所示)

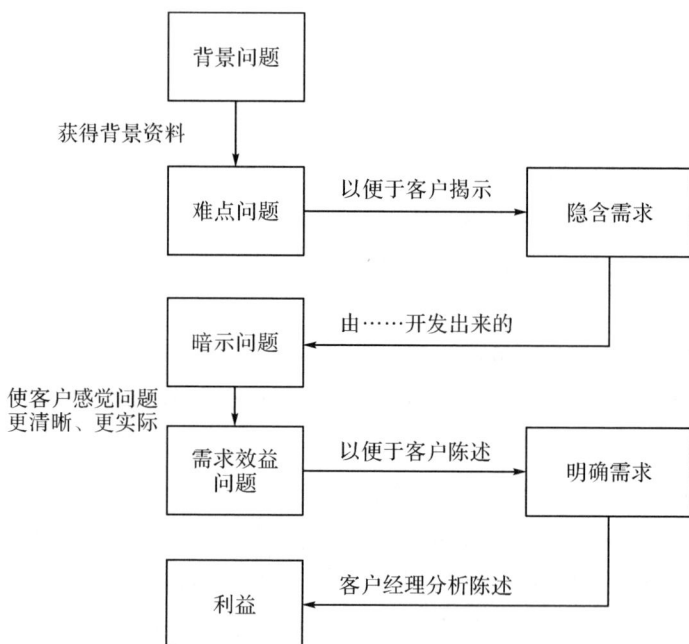

图 4-4 客户需求挖掘流程

📝 **成功案例**

客户经理:您好,很高兴为您服务,请问您要办理什么业务?

客户:我是来存款的。

客户经理:我觉得您很面熟,您是住在附近吗?

客户:是的,就住在××小区。

客户经理:××小区地段不错,离菜市场也近,买菜挺方便的。

客户:是啊,我妈妈每天早晨都会去买菜,那儿的菜既新鲜又便宜。

客户经理:那挺好的,老太太今年多大年纪了?

客户:65岁了,我妈舍不得花钱,每次发完养老金后就让我存起来,这不,今天就是来存钱的。

客户经理:每个月都过来存款好像挺麻烦的吧?

客户:可不是嘛! 先不说其他的,就是排队也得好大一会儿,浪费不少时间。

客户经理:是啊,那您有没有想过解决的办法呢?

客户:想也白想,就这样吧,大不了多跑几次。

客户经理:我有一个办法能解决您的问题,您有没有兴趣听一下?

客户:真的吗? 快说来听听。

客户经理:前几天,我们银行推出了一款老年储蓄基金,签了协议后,养老金可以直接从老人的银行卡扣除,而且利息比普通的储蓄要高,这样您以后就不用每个月都来银行了。

客户:这真是太好了,那办理手续吧,就办这项业务。

从案例中可以看出,客户经理的提问层层递进,不断加强对客户的了解,从而深刻剖析客户的内在需求,以达到销售的目的。

在具体的操作过程中,客户经理可以根据实际情况省略无关紧要的环节,做到灵活自由地运用这种提问方法。

好的提问能激发客户的需求,能为客户经理带来以下方面的收益。

1.能详细了解客户信息

客户经理对客户进行有针对性的提问可以详细了解客户的信息,在此基础上能够对客户的显性需求、隐性需求、消费意向以及购买能力等做一个大致的评估。

2.能加强客户的信任

客户经理问一些有针对性的问题,会让客户觉得你的业务水平很高,并且是站在他们的角度考虑问题,是真心实意地为他们服务,所以客户会更愿意与你沟通,把内心真实的想法告诉你。

3.能积累资源和人脉

一次良好有效的沟通能拉近双方的距离,客户经理与客户谈得投机甚至会成为朋友,为以后进行其他合作打下基础。

4.能控制谈话进程

客户经理对客户进行有针对性的提问,有利于掌握沟通的节奏,控制谈话的进程。有经验的客户经理在与客户进行沟通时,通过提出具有针对性的问题,能很好地把握沟通中的细节以及接下来谈话的大体方向,这将使其在谈话中占据有利地位。

4.3 需求挖掘实战技巧

4.3.1 客户需求挖掘提问技巧

客户经理在向客户提问时,要做到由表及里,层层递进,不断地加强对客户的了解,从而深刻剖析客户的内在需求,以达到销售产品的目的。客户经理切不可没有章法地胡乱发问,也不能颠倒次序不分轻重。在科学方法的指导下,客户经理勇敢自信地向客户开口,成功就可能会随之而来。

1.问题要有针对性

我们知道任何事物既有共性又有个性,所以在实际生活中要做到"具体问题具体分析"。对金融机构的客户经理来说,在向不同的客户进行提问时,所问的问题一定要具有针对性,这样才能更为迅速地获取所需要的信息。

那么,如何提出具有针对性的问题呢?

(1)客户经理要时刻牢记最终目的,即成功地使客户接受金融产品。

客户经理与客户进行任何形式、任何内容的交流,都要朝着让客户做出购买行为的目标而进行。这样的话,客户经理会节省很多时间和精力,从而可以去完成更多的任务。

(2)客户经理在充分了解客户信息的基础上对其进行提问。

客户经理不能打无准备的仗,要对客户进行深入的了解,这样能够知道其所关心的话题和所需要的服务,可以更有针对性。

(3)客户经理要根据客户的状态,懂得变通。

在与客户对话的过程中,客户经理要学会察言观色,根据客户神态以及动作的变化,适当地调整问题。

▶ **话术示范**

(1)"王总,您好,听说您打算给员工买一款理财产品,那您心目中理想的理财产品是怎样的呢?"

(2)"我想知道贵公司会选择具有什么样特征的银行作为合作的伙伴?"

(3)"我们银行非常愿意与您合作,不知您对我们银行的印象怎么样?"

(4)"您之前是否购买过类似的理财产品?感觉效果怎么样?或许我们的产品更合您的心意。"

(5)"我想知道,您什么时候能签合同?"

(6)"与您合作很愉快,我想下次您在办理其他业务的时候,一定会优先考虑我们银行的,对吗?"

2.善于运用"二选一法则"

"二选一法则"就是客户经理在与客户交流的过程中,会提出两种方案供客户选择,而无论客户选择哪一种,都会实现客户经理想要的结果。

"二选一法则"把"买不买"升级到了"买哪种"的水平,能够有效增加成交量。

视频 4-6 二选一法则

📝 **成功案例**

李华是天津某银行的客户经理,从业多年来,他积累了许多经验,而这些经验帮他签下了很多大客户,其中,他比较常用的一条经验就是对客户进行二选一问题的提问。下面我们来看看李华对新人传授的经验。

(1)如果客户说:"不好意思,我现在没空和你谈。"

客户经理就应该说:"是的,我也知道您工作比较忙,只是我们的这款储蓄产品对您十分有用,您有必要详细地了解一下。这样吧,您周三和周四哪天有时间?"

(2)如果客户说:"我不能决定是否要签合同,我得和我的合伙人商量。"

客户经理就应该说:"应该的,我能理解,我们确定一个合适的时间和您的合伙人面谈,您看今天下午和明天上午哪个时间合适?"

(3)如果客户说:"对不起,我对你说的不感兴趣。"

客户经理就应该说:"您说得有道理,人们在面对不了解或是陌生的东西时通常提不起兴趣,可是我相信听过我的介绍后您会对我们的产品产生兴趣的。就给我五分钟的时间,好吗?"

(4)如果客户说:"听起来不错,我考虑几天再决定。"

客户经理在此时千万不能放弃,应该乘胜追击,说:"您既然已经认可了我们的产品,还有什么顾虑呢? 是价格的问题还是服务的问题呢?"

3.不能急于求成

客户经理对客户要慢慢引导,在客户表现出不同意见时,先要肯定其说法,慢慢地打消其顾虑,然后用"二选一法则"进行提问。

4.创造客户愿望

成功的客户经理能够使客户有解决问题的意愿和紧迫感,这是他们与普通客户经理的区别。有以下两种方法可以影响客户解决问题的意愿。

(1)询问难点问题和暗示问题,揭示客户问题的大小、范围和严重程度。问题越严重,客户就越有可能寻求解决方案。

(2)询问需求效益问题,获得客户对于解决问题所能得到的回报的看法,鼓励客户主动说出解决方案带来的效益,使他们从"消极思维"(问题)转向"积极思维"(回报),用来增强承诺的意愿和参与感。同时,需求效益问题还可以帮助客户经理为解决方案做出最佳定位,使之为客户满意和接受。

5.要学会看客户的"脸色"

(1)客户经理应重点关注客户的面部表情,有时候客户并不会直接说出他的需求或是表露出自己的意见,但是面部的微表情却能透露出一些不易被察觉的秘密。

（2）在遇到僵局时，客户经理可以适当地聊一些题外话，缓解一下气氛，在观察到客户放下防备时，再慢慢地把话题引到工作上来。

（3）客户经理无法琢磨客户的心思时，不妨给客户多提供几种选择。客户经理可以从客户的微表情或小动作中判断其喜欢哪种方案，讨厌哪种方案，这样客户经理就更容易掌控谈话的进程。

（4）当客户对客户经理的提问表现出愤怒时，客户经理不能再继续追问下去，否则就会使客户产生一种被逼迫的感觉，而不愿意与客户经理交流。

6.结合其他法则使用

"二选一法则"不能解决所有的问题，为了更好地与客户交流，客户经理还应该结合其他方法，如二八法则、互惠法则等。

4.3.2 需求挖掘注意事项

1.避免操纵话题

一些客户经理在进行需求挖掘的过程中，最大的错误就是过度操纵谈话。他们有选择地讨论客户问题，决定谈话的方向，不但使客户感到不快，还有可能破坏销售成功的机会。

视频 4-7 客户需求挖掘注意事项

在某些情况下，客户经理必须主导话题，但要注意客户更加清楚自己的问题和需求。客户既然答应见面，就说明想和客户经理讨论某个问题或需求。在这种情况下，"听"比"说"更重要，如果客户经理一直滔滔不绝地讲话，而并不在意客户的诉求，就会使客户感到自己不受关心和尊重，就不能顺利地达成协议。

▶▶ **话术示例**

最有效的方法是鼓励客户说出来，客户经理可以通过提问来引导，例如：
（1）"您在寻找什么解决方法？"
（2）"您想改变什么？"
（3）"您有什么问题需要解决？"
（4）"您想达到什么样的目标？"
（5）"您想在哪些方面有所调整？"

一旦客户开口,客户经理就可以利用各种提问发现问题,引导需求。客户经理如果不给客户提问的机会,客户就无法了解其能力所在。

2.选对问题

成功的客户经理不仅清楚自己的产品或服务所能够解决的问题,还知道客户在某种情况下最有可能出现什么问题。成功的客户经理擅长选择那些对客户而言更有可能出现且能够予以解决的问题领域。如果选对了客户痛点,客户经理的需求发掘就容易很多。

选择"对"的问题不仅需要客户经理拥有扎实的产品知识、市场知识、竞争知识和客户知识,还需要客户经理在每个访谈之前做好计划。

3.提问不是审问

作为客户经理,面谈的过程就是从客户那里获取信息的过程。但必须注意,面谈的目的是解决问题,而不是审问。有以下三种方法可以避免"审问室访谈"。

视频 4-8 开
放式提问

(1)提问方式要有变化,避免重复使用同一类用语。

▶ **错误示例——重复提问**

(1)"怎样提高它的收益?"
(2)"怎样降低它的风险?"
(3)"怎样节省它的费用?"

▶ **话术示例**

(1)"这对您的整体资产配置会产生怎样的改变?"
(2)"在风险上会带来什么样的影响?"
(3)"估计在预算方面能节约多少?"

(2)使用能把提问和客户表述或回答关联起来的措辞(过渡性用语)。这样双方的交谈会更自然,也显示出客户经理在倾听并重视客户的讲话。

▶ **话术示例**

(1)"电话里您提到了对投资的一些担忧,现在您主要投资了哪些类别的金融产品?"

(2)"这的确让人烦恼。假如在这方面有问题,我想您在××方面也会有问题,是这样吗?"

(3)"我明白了。既然是这样,还有什么其他方面受到了影响?"

(4)"以前您说××方面有问题,这些问题如何影响刚才您所说的现状?"

(5)"我们知道,现金流对您来说最重要。如果现金流匹配到位,对您的投资会有什么帮助?"

(3)认真听客户讲话。有时候客户经理过于专注提问,忘了认真听客户讲话。忽视客户讲话,客户必然会厌烦或冷落你。客户经理应通过语言和非语言的行为,让客户感受到你正在听他讲话。

▶ **话术示例**

(1)客户经理点头,做出适当的表情,保持眼神接触,记笔记,表示对客户讲的话感兴趣。

(2)转述客户的讲话重点:

"这个问题不仅影响了您的一次投资,事实上已经影响了您整体的资产配置,您是这个意思吗?"

"您是说那不是风险的问题,而是现金流的问题,是吗?"

使用以上有关联作用的措辞,表明客户经理正在倾听客户讲话,并且很重视客户的信息、想法和意见。

◯ **本章总结**

1.需求是问出来的:需求是客户经理"问"出来的、"听"出来的,以及基于对客户业务的洞悉,用眼睛和腿脚"找"出来的。客户经理首先必须善于提问、倾听、观察、分析,找到客户的痛点。

2.需求挖掘的流程:(1)客户的需求分为两类:隐性需求和明确需求;(2)一般在营销过程中的提问分为背景问题、难点问题、暗示问题和需求效益问题四类。

3.客户需求挖掘提问技巧:(1)问题要有针对性;(2)善于运用"二选一法则";(3)不能急于求成;(4)创造客户愿望;(5)要学会看客户的"脸色";(6)结合其他法则使用。

4.需求挖掘注意事项:(1)避免操纵话题;(2)选对问题;(3)提问不是审问。

课后练习

小组演练:自定一个客户类型,规划营销访谈,做一份访谈计划表(见表4-1)。

表 4-1　访谈计划表

访谈目标	设定几个目标,取得销售进展
客户现状	写下你需要了解的客户当前的情况或计划
客户问题	客户可能遇到的难点、挑战
潜在影响	暗示问题背后的问题
客户需求	写下你希望客户考虑或提出的想法、要求等,对此你能否给予解决

项目五

产品价值塑造

杰弗里·吉特默在其所写的《销售圣经》中有段经典的话："给我一个理由，告诉我为什么你的产品或服务再适合我不过了。如果你所销售的产品或服务正是我所需要的,那么在购买前,我必须先清楚它能够为我带来的好处。"什么是"好处"呢?

▶ 案例故事

李子是甜的好,还是酸的好

一条街上有三家水果店。一天,有位女士来买李子,走进第一家店问:"这儿有李子卖吗?"店主马上迎上前说:"有,有,我这儿的李子又大又甜,刚进的货,新鲜得很呢!"没想到女士听完摇摇头,扭身就走了。店主很纳闷:奇怪,我哪里得罪这位顾客了?

女士走进第二家水果店。店主迎上前,听说顾客要买李子,马上说:"快进来,我这里的李子可多了,有大的有小的,有甜的有酸的,您想要哪一种?""酸的。"女士回答,并愉快地付了钱,拎着一袋又酸又涩的李子走了。

过了几天,女士又来买李子了。第三家水果店的店主看到了,主动把女士请进了店里,问:"女士,您是来买李子吧,我见过您,还买酸的吗?我这儿的李子够酸,您要多少?"女士愉快地准备掏钱,一切和上次情形相仿。可就在女士想买单走人时,店主有意搭讪道:"一般人都喜欢吃甜的李子,您为什么要买酸的呢?"女士高兴地回答说:"儿媳妇怀上啦,想吃酸的,我特意为她买的!""恭喜恭喜!"店主赶紧笑着道贺:"儿媳有您这样的婆婆真是福气!不过孕期的营养很关键,李子只是满足口味,要抱一个又白又胖的宝宝,还得多补充维生素啊。您看,这猕猴桃是维生素最丰富的水果,要不选几个?"

结果,女士不仅买了李子,还买了一袋进口的猕猴桃,以后便成了这家店的常客。

这位女士的需求到底是什么?不是买李子,而是想抱孙子! 也就是说,客户买的不是产品本身,而是通过产品想要得到的一种结果,满足购买行为背后的真实动机。原来,杰弗里·吉特默所说的"好处",就是客户希望通过产品得到的一种结果。又如夫妻俩逛商场,妻子看中一套高档餐具,坚持要买,丈夫嫌贵不肯掏钱。导购一看,悄悄对丈夫说了句话,丈夫一听立马买单了。是什么理由让这位先生的想法发生了转变呢? 导购员对丈夫是这样说的:"这么贵的餐具,你太太是不会舍得让你洗碗的。"答案:丈夫买的不是餐具(产品),而是轻松(结果)。一个寻常的"买"字背后实则别有深意。女士要的是抱孙子,丈夫要的是不洗碗。显然,在交易过程中产品多半只是载体,客户真正买的是产品背后的这些结果,或称为"利益",与当初客户的需求(购买动机)相连。把这一结论转变为理论模型的就是 FABE 法则,它告诉销售人员如何做好产品推介。

5.1 FABE 法则深度解析

FABE 法则在营销领域可谓是耳熟能详。FABE 法则说明了这样一个真理:客户买的不是产品本身的特征或优点,而是产品带给他们的用来满足他们需求的利益。FABE 法则的内容如表 5-1 所示。

视频 5-1
FABE 法则深度解析

表 5-1　FABE 法则的内容

FABE 各项目	具体内容
产品特征(feature)	即属性,说明"它是什么"
产品优点(advantage)	即功效,说明"它做什么"
产品利益(benefit)	即带给客户的好处,说明"如何满足客户的需求"
证据(evidence)	即提供实证,激发客户的购买欲望

F(features),即为特征,也即产品的特点、自身独有的卖点。同行业的竞争越来越激烈,产品同质化现象越来越严重,如果银行能提供有特色的产品和服务,无疑能够第一时间吸引客户的眼球。

A(advantage),即为优势。"对比同类产品我们究竟强在哪里?"这是客户经理必须考虑清楚的问题,例如,产品是否有更少的投入、更高的收益、更安全的环境、更优质的服务等。客户经理通过这些说明,使客户更坚定"消费"的决心。

B(benifits),即为利益。客户购买产品是为了获得某种在生活中或心理上的需求,在这个过程中会付出时间、精力和金钱。因此,客户期望得到能给自己带来好处的商品,这样才能使其内心得到满足。

客户经理要以客户的利益为中心,在推介产品时应落脚在利益上,明确告诉客户他们所能得到的好处,这才是客户想得到的东西。要做到有针对性,客户经理前期的需求调查十分关键。一旦洞悉客户的利益诉求,客户经理就能够让产品"说话",知道从产品的哪个方面呈现特定的客户想要的结果,从而有效地激发他们的购买欲望。

E(evidence),即为证据。客户经理要能拿出证明自己所说的话的证据,如可以通过展示主流媒体的报道、其他客户的反馈、已有的销售业绩等来证明关于产品的特点、优点,以及收益的描述都是真实可信的。这种方式能有效地坚定客户购买产品的决心。

5.2 FABE法则运用技巧

在运用FABE法则时,常用如下句式:

> 因为(产品特点)……而且(产品优点),所以,您拥有后将会(利益所在)……您可以参考媒体的报道或老客户的反馈(提供证据)……

✎ **成功案例**

刘洋是一家银行的客户经理,在与客户沟通的过程中,他非常善于运用FABE法则,通常在极短的时间内就能吸引住客户,并与他们达成交易。

有一次,一位老人想要存款,刘洋就向老人介绍了一款老年储蓄产品,他是这样说的："为您介绍这款产品,是因为它是专门为老年人定制的,而且在国内我们是较早销售此类产品的一家,产品已经很成熟了,它除了能保证财产安全外,收益率也高。前几天,××电视台和××报纸都报道过呢。"通过刘洋的这番介绍,老人很快便办理了购买手续。

该案例的 FABE 解析如表 5-2 所示。

表 5-2　FABE 解析

产品特征(feature)	"为老年人定制"就是产品的特点
产品优点(advantage)	"国内较早销售此类产品的一家、产品成熟"就是产品的优势
产品利益(benefit)	"安全、收益率高"则是产品能带来的利益
证据(evidence)	"电视台和报纸的报道"就是证据

5.3　利益法则

最传统的营销理论都会谈及 FABE 法则,但对于金融类产品营销的论述仅止步于 FABE 法则的概念层面,就过于疏浅了。普通的客户经理都知道产品说明的"三段论",即"它是什么(特征),所以能做什么(优点),因此可以带来什么(利益)"。但对于优秀的客户经理来讲,对于客户利益的呈现绝非玩弄话术,而是要解决客户的问题,帮助客户达成既定目标。

那么客户在购买产品的过程中希望得到的利益到底是什么?换言之,是哪些利益因素在驱动客户买或者不买?客户经理需要对此命题做出系统、完整的总结,如此,才有可能梳理和准确判断出客户买或者不买行为背后的动机,找到一面透析客户的镜子,也照亮客户经理前进的路,能够发现机会或规避错误,最终提高成功营销的概率。

基于对客户需求与购买行为已有的深度分析,客户经理可以给"利益是什么"一个完整的答案——利益法则。当客户经理要深入分析个人客户利益时,马斯洛需求层次理论无疑搭建了一个精准、系统的发现平台。

5.3.1　马洛斯需求层次理论

马斯洛(A. H. Maslow)把需求分成生理需求、安全需求、社交需求、尊重需求和自我实现需求五类,依次由较低层级到较高层级排列。在自我实现需求后,还有自我超越需求,但通常不作为必要的层级,通常会将自我超越需求合并入自我实现需求。马斯洛需求层次理论如图 5-1 所示。

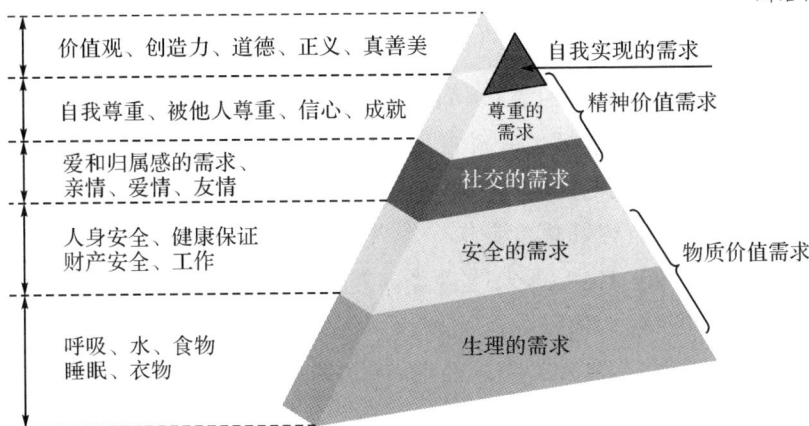

视频 5-2 马斯洛需求层次理论
视频 5-3 马斯洛简介

图 5-1　马斯洛需求层次理论

1.生理需求

生理需求是级别最低的需求,如食物、水、空气、健康等。如果这些需求中的任何一项得不到满足,人类个人的生理机能就无法正常运转。换而言之,人类的生命就会因此受到威胁。从这个意义上说,生理需求是推动人们行动最首要的动力。马斯洛认为,只有这些最基本的需求满足到维持生存所必需的程度后,其他的需求才能成为新的激励因素,而到了此时,这些已相对满足的需求也就不再成为激励因素了。

2.安全需求

安全需求是较低级别的需求,如人身安全、生活稳定以及免遭痛苦、威胁或疾病。马斯洛认为,整个有机体是一个追求安全的机制,人的感受器官、效应器官、智能和其他能量主要是寻求安全的工具,甚至可以把科学和人生观都看成是满足安全需要的一部分。当然,当这种需要一旦相对满足后,也就不再成为激励因素了。

3.社交需求

社交需求是较高层级的需求,如对友谊、爱情以及隶属关系的需求,人人都希望得到他人的关心和照顾。感情上的需要比生理上的需要来得细致,它和一个人的生理特性、经历、教育、宗教信仰都有关系。

4.尊重需求

尊重需求是更高层级的需求,如绩效、声誉、地位和晋升机会等,它既包括对自我绩效的获得,也包括他人对自己的认可与尊重。人人都希望自己有稳定的社会地位,希望个人的能力和成就得到社会的承认。尊重的需要又可分为内部尊重和外部尊重。内部尊重是指一个人希望在各种不同情境中有实力、能胜任、充满信心、能独立自主,即人的自尊。外部尊重是指一个人希望有地位、有威信,受到别人的尊重、信赖和高度评价。马斯洛认为,尊重需要得到满足,能使人对自己充满信心,对社会满腔热情,体验到自己活着的意义和价值。

5.自我实现需求

自我实现需求是最高层级的需求,包括对真善美及至高人生境界的追求。当前面的四项需求都能满足时,这一层级的需求才会产生,是一种衍生性需求,如自我实现、发挥潜能等。达到自我实现境界的人,接受自己也接受他人,解决问题能力增强,自觉性提高,善于独立处事,要求不受打扰地独处,完成与自己的能力相称的一切事情的需要。马斯洛提出,为满足自我实现需要所采取的途径是因人而异的。自我实现的需要是在努力发挥自己的潜力,使自己越来越成为自己所期望的人物。

马斯洛的需求层次理论意义深远,尤其在人文研究和管理学领域被广泛应用。营销是对客户的研究与管理,在分析客户购买行为背后的利益驱动方面,我们同样可以导入这一理论体系,因为这5项个人利益涵盖客户几乎所有买或不买的理由。客户经理以营销的视角逐一找出5个层级中客户可能关注的个人利益或者持有的动机,为接下来营销方案或是产品介绍呈现有效地指明了方向。

5.3.2 客户的利益需求分析

资料 5-1 人性的弱点

1. 生理:个人习性、工作便利

客户决定买与不买的动机包括个人习性、工作便利、商业潜规则,以及对地域、年龄、性别等因素的考虑。

"物以类聚,人以群分","道不同,不相为谋"等都在印证"性相近,习相远"的道理。客户总是愿意与自己习性相近的人在一起,因而客户经理找到客户的关注点、兴趣点,与客户在同一频道说话,第一时间获得客户的好感,建立信任,营销才能进行下去。

工作便利也是客户决定购买背后的驱动因素之一。不管做不做得到,很多金融机构都标榜为客户提供"一站式金融服务",就是想在省时、省力、省心的客户工作便利上做文章,找到利益点。

📝 成功案例

> 某路灯工程公司与××大型商业银行已合作多年,对银行的服务一直都很满意,因此没有在邮政储蓄银行开设新账户的想法。经验丰富的邮政储蓄银行业务主任经过实地走访,发现该商业银行离客户公司路程较远,往返不便,而且公司财务人员在银行办理业务时排队等候时间较长。最后,邮政储蓄银行以网点近、业务办理时间短的优势赢得了该客户,该公司在邮政储蓄银行开设对公账户,很快账面资金日均余额达到 3000 万元。

地域、年龄、性别等因素对客户的购买决定也有或多或少的影响。只要客户经理稍加留意,就会发现很多营销的成败都与这些"细节"有关。

2. 安全:金融产品有风险,投资需谨慎

金融产品有风险,投资需谨慎,只有对客户经理或是金融机构有足够的信任时,客户才会买单。太多的客户拒绝购买,不是因为金融产品不好,而是因为客户看不到该金融产品的好。

即使经过慎重比较,选择了自认为最好的客户经理或产品,客户在下单的

最后一刻仍可能因害怕买错而止步。杰弗里·吉特默在《销售圣经》一书中论及"客户希望得到怎样的对待"时，用一段话描绘了客户的心声："肯定我的选择。我可能会担心做出错误的选择。请告诉我一些事实来证明产品会对我有好处，以便我购买时会有更坚定的信心。"

中国工商银行拥有中国最大的客户群，是中国最大的商业银行之一，也是世界五百强企业之一。中国工商银行覆盖中国大部分大中城市与主要国际金融中心，为客户直接提供优质服务。即使面对这样一个品牌金融机构，客户在选择是否开展自己的金融服务时，还是会很小心地问一些"求安慰"的问题，诸如，"你们这是一款新出来的理财产品，会不会有风险问题？"，"如果像你们介绍的那样采用手机银行进行转账，个人信息会不会泄露？"，"代理销售的保险，到时候没法兑付怎么办？"等。如果客户经理对这些疑虑不做出有效回应，客户肯定不会放心购买的。

因此，如何审慎处理客户的购买风险心理，也是客户经理学习的重点之一，这与金融产品本身是否优秀无关。

▶ 话术示例

针对客户不安全感的应对之策，主要分为三步。

(1)使客户确信，他做了一个英明的决策："我替您感到高兴，这款产品真的非常适合您！"

(2)告诉客户，你很感谢并看重这笔业务："非常感谢您对我们产品的信任！"

(3)安排好后续事项，使客户专注于交接工作，而不是刚才的决策："我会确保在周一上午 10 点之前给你准备好所有的合同材料！"

当然，建立客户的安全感，关键还在于客户经理用事实说话，或创造客户体验。前述 FABE 法则中的 E 即为证明，即提供实证，树立客户购买信心并激发欲望。客户经理在证明方面做到位，就能解决客户购买中安全层面的问题。光大银行的证明实例如表 5-3 所示。

✏️ **成功案例**

表 5-3 光大银行的证明实例

证明对象	证明方式	证明内容	举例
产品信赖度	经典案例客户名录	用成功案例来证明产品的受欢迎度,也为客户提供求证的事实依据	我们有一个客户和您的情况非常相似……
竞品对比度	统计资料分析报告	通过与竞品对比分析突出优势,增强客户购买信心	这是权威机构最近发布的统计报告,这款产品现在的收益率排名第一……
企业美誉度	公开报道获取奖项	客户购买产品,不但选择产品本身,还注重企业与品牌的形象、口碑与实力	我们刚获得了供应链金融服务创新的企业奖……

3.归属感:交往、交心、交易

在客户的利益中,归属感是极为重要的一项。营销中有一种说法:"客户买东西其实是买感觉。"何谓"感觉"? 应该就是归属感了。客户的归属感源于对特定产品的使用习惯,与客户经理的亲密程度,更换客户经理的时间、精力成本,对某一品牌的偏好等。

维基·伦兹(Vickie Lenz)在其所著的《情感营销》一书中也明确指出:"情感是成功的市场营销的唯一、真正的基础,是价值、客户忠诚和利润的秘诀。"

一个目标客户与原有的客户经理合作多年,客户经理提供的产品和服务都很好。现在新的客户经理来拜访客户,客户经理向客户表明他也能做得一样好(而且真能做到),希望客户选择他。客户经理成功的可能性有多少呢? 几乎很小。不是新的客户经理不如原先的客户经理,也不是客户故意为难,只是因为客户有使用习惯,十分适应现有的客户经理,不想承担更换成本。总之,客户对新的客户经理没有归属感,更没有义务来帮客户经理完成业绩。

客户说"不"是不需要任何理由的,客户是需要跟进和维护的,这是营销永恒的进行曲。

 小提示

> 客户异议背后的"六大真相"。
>
> (1)异议并非客户拒绝你本身,只是还未建立起信任;
>
> (2)异议只是客户要求你给予更多的产品资讯或实证;
>
> (3)异议表明客户还未明确对产品的真正需求;
>
> (4)异议表示客户经理的行为举止有可能令客户反感;
>
> (5)异议显示客户有兴趣,只是需要时间考虑;
>
> (6)异议只是客户表现出的一种本能的防卫或不作为。

那么,客户经理如何从无到有,建立客户对自己的归属感,增加关单的概率呢?三种行为决定了归属感的有或无,归纳成一个等式:

$$归属感=主动跟进+与人交心+售前服务$$

(1)主动跟进

客户是需要"粘"的,客户经理主动跟进就是粘住客户的手段。营销的一个潜规则是在几个实力相当的候选客户经理中,哪个客户经理能够让客户与自己保持联系的时间越长、投入的精力越多、了解的程度越深,就越有可能被选择。

资料 5-2 积极主动

客户经理需要在以下 3 个方面做出努力:一是客户了解得越多,就越容易相信(客户更愿意相信其看到的,也会优先选择);二是客户经理"粘"人往往给客户主动、热情的印象,日久生"情",客户与客户经理的心理距离更近,关系也更密切;三是客户投入的时间、精力也是成本,客户付出越多,放弃的难度越大,客户更换客户经理意味着从头再来,客户一般也不会频繁更换。

相反,那些无法与客户持续保持联系的客户经理因为不被了解,缺乏热度,就显得无足轻重。客户失去他们的成本为零,被拒绝的概率自然相对高一些。

 成功案例

> 一家上市企业准备选择一家银行购买一款理财产品,请来 A 和 B 两家银行候选。机会难得,两家银行都做了精心准备,方案和案例的演示效果都很好、

华丽,表现难分伯仲。企业一时难做决定,表示需要再考虑考虑,一周后再商议。两家银行回去后,A银行安静地等了一个星期,而B银行在第二天就打电话给企业进行回访,询问更多据称必须知道的要求和细节,第三天很快出了两套新的备选方案,接下来两天又时不时地做些优化建议和改动。总之,让企业客户每天都能感受到他们的存在。一周后,企业客户做出了决定,那家每天都在"骚扰"他的B银行拿到了订单。

(2)与人交心

跟进客户很重要,但还不够,如果每次见面客户经理总是说产品、谈交易,未免过于功利,归属感也就无从谈起,相反还会招致客户的抵触。浇树浇根,交人交心,客户的个人情谊不可少,客户经理能与客户成为惺惺相惜的朋友就更理想了。与客户相处,客户经理需懂得交心之道并为之付出努力。

就客户经理与客户的个人关系而言,从低到高可分成4个层级:第一层是过客,客户经理与客户之间仅限于交易,对客户身份一无所知;第二层是熟人,客户经理能记住客户的名字和背景,两人一见如故;第三层是朋友,客户经理与客户之间有共同话题与兴趣,彼此有好感;第四层是知己,客户经理与客户之间推心置腹,情投意合,宛如一家人。

一个有归属感的客户意味着与客户经理的个人关系已进入"朋友"乃至"知己"的阶段,具备以下特征。

1)朋友阶段

客户经理与客户建立个人友谊,相互信任与支持。客户经理与客户对彼此的经历、喜好甚至家庭情况都有所了解,有共同的爱好与兴趣,谈话投机。业务上有利益冲突时,双方能坦诚相见,甚至出手相助,寻找双方都能接受的方案,不计较一时得失。

2)知己阶段

客户经理与客户无话不说,同甘共苦,了解对方的内心世界。双方的家庭成员经常互相拜访,可将家庭要事托付给对方。遇到困难或在做重大决策前,经常征求对方的意见。关键时刻对方能提供无私的帮助,甚至不惜牺牲自己的利益。

✎ **成功案例**

　　××银行客户经理小张得知某位大客户近期在挑选新的理财产品,在老客户的介绍下,小张获得了与该大客户见面的机会。好几家银行的客户经理都在与这位大客户联系,客户经理之间的竞争异常激烈,而且这位大客户是一位资深的留美金融学博士,专业背景极其深厚,对客户经理的挑选也极为挑剔。

　　小张在与客户面谈的过程中,这位留美金融博士无意中说起了一件事:最近女儿一直缠着他要麦当劳的儿童玩具。要得到这种商场买不到的玩具,顾客就必须在麦当劳点一份儿童套餐,但每天玩具数量有限,先到先得。博士说自己因为工作忙脱不开身,没法满足女儿的愿望。

　　一段寻常的家事在客户经理的耳中却绝非寻常。当晚回到住所后,小张给自己团队的几名成员打电话,要他们明日一早到就近的麦当劳店买套餐,得玩具。

　　第二天,客户经理小张再次来到客户公司,将麦当劳的儿童玩具送到了前台转交,并没有惊动那位博士。几天后,当小张有机会再次与客户见面时,博士主动走上前来,拍了拍他的肩膀,微笑地说了一句:"谢谢你的玩具。"

　　最后,客户经理小张在几次与客户沟通后调整了产品方案,拿到了这笔订单。

　　客户经理与客户交心是需要情商的,即要有关注他人情感的意愿,解读他人意图的能力,以及能够给出感同身受的回应。没有情商的客户经理获得订单的机会大大减少,这种类型的客户经理说话做事随性,容易伤及客户感受,缺乏对客户内心的解读,不屑于倾听。情商是一种对别人的在乎和爱,是为他人着想,如此,客户经理才能善解人意,让客户对其产生归属感。

　　(3)售前服务

　　最后,归属感的建立还有赖于客户经理的售前服务。老子有言:"将欲取之,必固与之。"这句话告诉人们要想得到什么,得暂且先给些什么。凡事总有代价,耕耘才会收获,让客户因为客户经理的服务而感动、心动、行动,这便是先予后取的力量。

　　一个优秀的客户经理的任务不是卖产品,而是成为客户的金融顾问,或者说就是客户的外脑,给客户提供服务、解决问题、帮助客户,这才是营销的最高境界。

4. 尊重:个人业绩,被重视和赞赏

马斯洛需求层次理论的第四个层级是"尊重"。客户作为个人在购买中对"尊重"的关注包含两个方面:一是来自外部客户经理的尊重,诸如客户经理的态度、响应时间等;二是来自内部身边人的尊重,诸如因个人取得成功而被重视和赞赏,取得个人业绩。

态度好的客户经理往往更容易被客户接受,因为客户渴望被尊重。杰弗里·吉特默的《销售圣经》一书中有三段话生动地传达了客户的这种心理。

(1)不要和我争辩。即使我错了,也不需要一个自作聪明的客户经理来告诉我(或试着证明)。你或许赢了辩论,却输掉了交易。

(2)不要自以为比我高明。不要以为自己什么都懂,而把别人当作白痴。不要想当然地认为我想听什么话。我会保持沉默,并考虑从其他人那里购买。

(3)让我感觉与众不同。如果我要花钱,就要花得开心。这就要看你的言语和行动了。

某项绩效指标可能关联客户个人的某种利益诉求,对购买决策有潜移默化的影响。客户经理可以从中找到一些线索,找出被客户关注的那些指标及背后客户的问题、挑战或需求,用产品、服务及相关资源帮助客户解决问题或达成目标。

5. 自我实现:职业发展、个人荣誉

"天下熙熙,皆为利来;天下攘攘,皆为利往。"其实,利与名始终交织在一起。客户个人利益的最高层级就是自我实现,"名"的考量就成为重心,可以包括职业发展、学术地位、社会声望、从业政绩、特殊荣誉、个人理想等。

✎ **成功案例**

　　××理财机构的客户经理认定自己的客户杂志社刘总编尚未完善自己的资产配置体系,打算前往她的办公室和她详谈一番。他甚至在拜访前不用预约,直接在去的路上打电话给客户,显示出与客户的关系非同一般。

　　客户经理:"刘总编,咱们合作都两年了,感谢您一直投资我们的产品,这次来主要想跟您谈谈我们新的一款公益性理财产品。"

　　刘总编:"我一直在做公益啊!"

　　客户经理:"是这样啊,您现在主要做哪方面的公益啊?"

　　刘总编:"没有什么主题。"

　　客户经理:"我们这款公益性理财产品主要关注偏远地区的农村妇女创业。"

　　刘总编:"这主题太好了,有很多农村女性她们有信誉,有创业的想法,也很努力,但是没有足够的资金支持。"

　　客户经理:"是啊,我们希望从关注女性开始,做有温度的金融!"

　　刘总编:"你们这个主题太符合我近期的想法了,我一直希望出一个持续关注女性创业的专栏,让社会关注女性,宣传她们坚持不懈的创业精神,树立新时代女性的形象。你把你们的产品和我具体说说。"

　　"自我实现"所投射出的驱动力有时是超乎想象的,客户经理绝不可忽视。

　　6.产品利益定位导图

　　利益法则是一张总括客户购买行为与诉求的全景图,使销售人员得以厘清哪些利益因素在驱动客户买或者不买,找到一面解读客户的镜子,也为自己在产品方案呈现阶段如何更有效地向客户展示产品利益找到坐标,最终提高关单率。

　　表5-4涵盖了客户几乎所有买或不买产品的理由。买是因为得到了其中一个或几个想要的利益,不买则意味着利益缺失,可能是客户经理对客户的利益诉求失察,没有加以引导,或根本满足不了客户的需求。

表 5-4　利益法则

诉求	客户个人层面	产品/服务
1	生理（个人喜好、工作便利、地域/年龄/性别考虑……）	
2	安全（投资有风险，交易需谨慎，只有对客户经理有足够的信任才会买单……）	
3	归属感（使用习惯、与客户经理的亲密度、更换成本、品牌偏好……）	
4	尊重（客户经理态度、响应时间、因投资成功而被赞赏、个人业绩……）	
5	自我实现（职业发展、学术地位、个人荣誉、政绩、理想……）	
销售方案（总结）		

5.4　产品介绍技巧

在介绍金融产品的细节时，客户经理就要具体问题具体分析，选用适合的产品介绍技巧。

1.假设问句法

把所售的金融产品的最终利益或是产品能够带给客户的解决方案，客户经理用问句的形式来询问客户，进而使客户充满期待，引导客户参与到客户经理的销售环境中。

▶▶ **话术示例**

（1）"陈先生，对于刚才我们所谈到的问题，如果我能够提供给您一套有效的理财方法来帮助您实现财富保值，让您老有所养，老有所依，您是不是有兴趣了解一下呢?"

(2)"张总,如果我们银行所销售的基金中,恰好有一款基金赎回灵活、风险可控,不仅出自大基金公司而且历史收益还很理想,您肯定会喜欢的,对吗?"

以上就是标准的假设问句,当客户显示出他感兴趣之后,接下来客户经理就可以逐步介绍自己机构的产品了。通过这样的产品介绍技巧,客户经理可以避免给客户造成需求询问和产品介绍之间转换唐突的感觉。

2.互动式介绍法

互动式介绍法,就是在理财产品介绍的过程中,让客户跟客户经理一起参与。客户经理在介绍产品的时候,就像是在进行一场球赛,在这场球赛中,客户经理和客户都是球员,而且是同一队的球员。客户经理不能只是把客户当成观众,而是要带客户一起下场去踢这场球赛。当客户经理在介绍产品的时候,要不断地调动客户的视觉、听觉和触觉等感官系统。

金融产品不是有形产品,所以客户经理做不到一边介绍,一边把金融产品放到客户的手上,让他感觉并实际操作一下。客户经理一定要千方百计地让客户跟金融产品不断接触,让客户跟你一起做金融产品的分析、收益的测算、风险的评估。千万不要让客户一直用耳朵听客户经理一个人不停地讲,这样,客户会产生厌烦情绪。

另外,客户经理在介绍金融产品的时候,还有一些小细节需要注意。

(1)客户经理要注意肢体动作。

很多客户经理在跟客户进行金融产品介绍的过程当中,并不注重自己本身的肢体语言。比如,有些客户经理在跟客户介绍金融产品或谈话的时候,整个人靠着椅背,跷着二郎腿,就会让客户觉得非常不专业。和客户说话的时候,客户经理无论何时都不要用双手抱胸,这样会让客户觉得客户经理是有所保留的,是不诚恳的,是有所抗拒的。

(2)客户经理尽量不要和客户面对面地坐着谈话。

如果客户经理是去拜访客户,客户经理刚好坐在客户办公桌对面的椅子上,客户就会把你当员工一样对待。如果客户经理和客户在会议室里面谈话,客户经理也不要坐在客户的对面。建议客户经理最好跟客户坐在同一边,或者侧边。若客户经理去拜访客户,客户说请坐对面,客户经理可以询问客户:"为了让我们的沟通或是介绍进行得更详细、更清楚,我可不可以坐到您的旁边来?"相信大多数客户是不会拒绝的。

3.简约介绍法

很多客户对金融产品的认识程度并不高,如果客户经理用非常专业的语言介绍产品,客户就不容易听明白,自然也没有兴趣购买产品。因此,客户经理在向客户介绍产品时,应简单化、形象化,使客户对产品感兴趣。

▶▶ **话术示例**

简约介绍法可用下面四句话来说明。

(1)"简单说……"

这句话是把复杂的产品简单化、形象化,客户经理可将该产品与一款类似且通俗的产品进行对比,使客户更容易理解。

(2)"很合适……"

这句话是把客户的身份带入进来,让客户觉得这款金融产品很适合自己。

(3)"使用之后/投资之后……"

这句话是对客户利益的展示与告知,让客户明白这款产品将给他带来什么好处。

(4)"不错吧……"

这句话是强化客户对金融产品的认知,使其心里对产品建立良好的印象。

4.**数字法**

在向客户介绍产品时,客户经理可以将一系列的数字摆在客户的面前,这样做可以很快吸引客户。

▶▶ **话术示例**

"王先生,现在只要您每个月交30元,未来30年就有20万元的寿险保障,还有10万元的意外保障。此外,30年期满后您还可以领20万元的满期金。"

5.**条例法**

条例法适合在开场介绍产品时使用。这种方法可以帮助客户经理一条条说明产品的特色、适合对象、利益好处等,系统而清楚地进行表达,并附有佐证的案例,让客户容易理解客户经理所说的内容。但要注意,客户经理在使用这种方法时,介绍产品的重点最好不要超过三点,并且每一个重点最好不要用过长的句子来说明。

本章总结

1.FABE法则深度解析:产品特征,即属性,说明"它是什么";产品优点,即功效,说明"它做什么";产品利益,即带给客户的好处,说明"如何满足客户的需求";证据,即提供实证,激发客户的购买欲望。

2.FABE法则运用技巧:因为(产品特点)……而且(产品优点),所以,您拥有后将会(利益所在)……您可以参考媒体的报道或老客户的反馈(提供证据)……

3.马洛斯需求层次理论:(1)生理需求;(2)安全需求;(3)社交需求;(4)尊重需求;(5)自我实现需求。

4.客户的利益需求分析。(1)生理:个人习性、工作便利;(2)安全:金融产品有风险,投资需谨慎;(3)归属感:交往、交心、交易;(4)尊重:个人业绩,被重视和赞赏;(5)自我实现:职业发展、个人荣誉。

5.产品介绍技巧:(1)假设问句法;(2)互动式介绍法;(3)简约介绍法;(4)数字法;(5)条例法。

课后练习

小组演练:根据本章学习的产品价值塑造,写出一个介绍产品的方案;并小组内讨论选出一名代表,上台进行展示。

项目六

处理客户异议

作为金融产品的营销人员,经常会有这样的遭遇和困惑,就是客户的心貌似总是离我们很远,面对客户的言辞总是猜不到他心里的真实想法,如:

"我再考虑一下","我回家跟媳妇商量一下"——如此之后,客户便没有下文了;

"你这个产品都不保本,我个人觉得风险太大"——客户总这么说,然后拒绝购买产品;

"保险都是骗人的"——客户总是这么拒绝客户经理推荐的银行保险产品;

"其他银行的收益比你这边高很多呀"——客户使用这句话的频率最高;

"等我有时间的时候就过来买"——结果等到海枯石烂,客户还是没有来买;

"基金到现在还套着呢,我还怎么敢相信你?"——客户的心里话总是让客户经理难以回复。

如何面对客户对产品提出的异议,并能妥当地处理好客户异议,变危机为转机是金融服务营销中最为重要的步骤。只有充分掌握处理异议的方法与技巧,客户经理才能把握开启客户心灵之门的金钥匙。

面对客户提出的异议,客户经理常常感到很无奈。其实,异议并不是营销的阻力,通过异议,客户经理可以更进一步了解客户真实、深层的需求,为解决问题提供了更多的着手点。现代营销学之父菲利普·科特勒经过研究发现:客户提出异议的销售成功率,比没有提出异议的销售成功率高出了10%。麦肯锡公司对于客户回头率也进行过调查统计,发现客户提出异议后能被迅速解决,客户的回头率高达82%(如图6-1所示)。

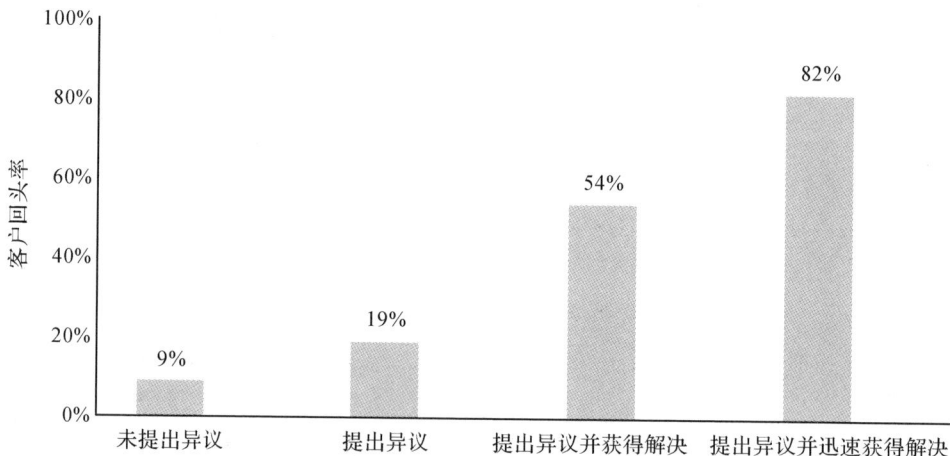

图 6-1 麦肯锡公司关于客户回头率的调查统计

▶▶ **小组讨论**

遇到客户提出异议时,想想客户的异议到底是什么?

6.1 客户异议产生的原因

对于提出异议的客户,客户经理要做的不是放弃该客户,而是有效地去分析和找到客户提出异议的原因,然后妥善地予以解决才是关键。通常,客户提出异议的原因主要有 3 个:客户的原因,客户经理的原因,金融机构、产品和服务的原因。

6.1.1 客户的原因

客户提出异议,有时是客户的原因,这些原因主要包含以下方面的内容。

(1)拒绝改变。拒绝是一种自我保护的本能,大多数人对改变都会产生抵抗情绪。

(2)没有意愿。客户的意愿还没有被激发出来,没有能引起客户的注意及兴趣,或是无法满足客户的需要。

(3)情绪低落。当客户感到情绪低落时,他可能没有心情来商谈是否购买产品,因而容易产生异议。

(4)预算不足。客户预算不足时会对产品的价格产生异议。

(5)担心较多。客户可能会担心时间被占用,担心资金安全,担心被骗、被利用等。

(6)客户持有隐藏的异议。

6.1.2 客户经理的原因

客户提出异议,有时是客户经理的原因,主要包含 6 个方面的内容。

(1)印象不好。客户经理无法赢得客户的好感,举止态度让客户产生反感。

✎ 失败案例

客户经理:"您好,刚才为您介绍的这款理财产品您觉得怎么样?"

客户:"我觉得不太合适,我想买更好的产品。"

客户经理:"不会吧?我们这款产品卖得很好的,这已经是市场上最好的产品了,您是不是弄错了?"

客户:"我需要什么,自己很清楚,怎么会弄错?"

客户经理:"好吧,您这样说我也没其他办法了,您自便。"

✎ 成功案例

客户经理:"您好,刚才为您介绍的这款理财产品,您觉得怎么样?"

客户:"我觉得不太合适。"

客户经理:"那您是觉得我们这款产品有什么不足的地方吗?"

客户:"其他方面都挺好的,就是收益比其他银行的同类产品低一些,我想买个收益高一点的产品。"

客户经理:"您说的确实是事实,可是我们在购买理财产品时,除了考虑收益的问题外,还要考虑安全性、售后服务的问题,您应该知道安全感和良好的体验并不是用钱就可以买得到的。"

客户:"你这么说好像还有<u>些</u>道理。"

客户经理:"您就放心购买吧,我们银行的很多老客户都买了这款产品,您看,这是销售记录。"

客户:"哈哈,这么说我得赶快下手了,走,办理手续去。"

(2)讲解夸张。为了说服客户,客户经理以夸大不实的说辞哄骗客户,结果招致客户更多的异议。

(3)使用术语过多。客户经理在介绍金融产品时,使用了过多的专业术语,会让客户难以理解,从而提出异议。

(4)沟通不当。有的客户经理总是迫不及待地想把产品卖出去,只顾滔滔不绝地宣传产品,没有真正站在客户的角度去考虑问题,无法确切把握住客户的问题点,从而导致客户的不信任。

(5)专业性不够。客户经理不能精准地回答客户的提问,无疑会让客户对客户经理产生怀疑,不购买其所推荐的产品也是意料之中的事。

✏️ 失败案例

耿杰是××银行的客户经理,有一次他向一家企业的老总推销一款理财产品,进门以后耿杰先亮明身份,然后就开始向客户介绍自己的产品:

"您好,杨老板,我们这款产品是最近刚推出来的,适合短期理财,年化收益能达到 3.8%,现在已经卖出去了许多份额。还有,产品的安全性也很好,您如果购买了这款产品,收益一定不少……"

在耿杰介绍产品的过程中,杨总的态度不冷不热,等耿杰介绍完了以后,杨总告诉他××银行的客户经理也找过他,收益更高,安全性能更好,购买的人也挺多等,然后问耿杰是否能在这几方面都让点利。耿杰面对客户的询问不知道该怎么回答,最终没有获得客户的信任,推销失败。

(6)姿态过高。客户经理在和客户沟通的过程中,处处让客户词穷,处处跟客户争辩,让客户感觉不愉快。

6.1.3 金融机构、产品和服务的原因

客户提出异议,有时是金融机构、产品和服务的原因。比如,客户对金融机

构的品牌不满意,或金融产品或服务不能满足客户的需求。

总之,客户经理应冷静地判断客户产生异议的原因,并针对原因采取相应的措施,如此才能消除客户的异议。

✏️ **成功案例**

客户经理小赵的业绩一向很好。他有一个已经合作了5年的客户,这位客户在他工作的银行存款最多时达到十几个亿。有一天,这位客户突然对小赵说:"从你们行长到你们老总,再到支行的员工,我都熟悉,你们都是我的好朋友。但朋友归朋友,现在,我只能在你们银行留2亿元的存款,其他存款我必须转走。"

小赵困惑地问:"为什么?"

客户:"因为你们的金融服务已经不能满足我们公司全球化的需要了。"

客户拒绝的理由很合理、很正常。之后,小赵迅速把情况反映给了上级。经过分析和调查,这家银行认识到了自身的不足,对产品和服务进行了升级,并为这家公司量身定做了一系列金融产品,完善了各项服务。最后,客户又回到了这家银行。

面对客户的拒绝,客户经理一定要"识取庐山真面目",弄清客户拒绝的真正原因,找到正确的解决方法。

客户拒绝购买产品的原因多种多样,但总的来说,可以分为以下几类:不信任(金融机构、客户经理和金融产品)、不需要(潜在需求未开发)、不合适(等有更好的产品再买)、不迫切(对购买时机不明确)和其他原因(客户经理的硬性推销、排斥客户经理推销方式等)。

6.2 判断客户异议的类型

了解了异议产生的原因,再来了解一下客户异议的三种不同种类,即真实的异议、虚假的异议和隐藏的异议。

视频 6-1 判断客户异议的类型

视频 6-2 真实的异议和虚拟的异议

1. 真实的异议

真实的异议是指客户提出的异议是有事实依据的,因而异议是真实、有效的,是客户的真实感受。比如客户告诉客户经理,现在家里的流动资金暂时不足,没有能力进行投资,或是从朋友那里听说客户经理推荐的产品风险很大。如果实际情况的确如此,这些异议就都是真实有效的,可以认定是真实的异议。

2. 虚假的异议

虚假的异议分为两种:一种是客户用借口、敷衍的方式应付客户经理,目的是不想诚意地和客户经理会谈,不想与客户经理所在的金融机构合作;另一种是客户提出很多异议,但这些异议并不是他们真正在意的地方,不是客户真正的异议,其原因主要是对客户经理不信任,对金融机构不信任。

▶ **虚假异议话术示例**

(1)"现在的投资总是亏本的。"
(2)"我要和家里人商量。"
(3)"我还没有理财的想法。"
(4)"我要再思考一下。"
(5)"我要与其他机构比较。"
(6)"我已经有固定的客户经理了……"

3. 隐藏的异议

隐藏的异议是指客户并不提出真正的异议,而是提出另外一些真的异议或假的异议,目的是要借此假象,达成隐藏异议解决的有利环境。例如,客户希望降低保费,但却提出其他如风险、收益、期限等异议,以降低产品的价值,而达成降价的目的。

6.3 辨别客户异议的方法

在营销过程中,客户提出异议时,除了用语言表示,还会通过身体语言表达出来。因此,客户经理不仅要找到客户拒绝的原因,还要掌握辨别客户异议的方法。客户一般会通过面部表情、身体角度、动作姿势来传递三种信号:可行、犹豫或拒绝。

6.3.1 传递可行信号

客户对客户经理推荐的产品表示可行时,常常有如下表现。

1. 面部表情

客户的面部表情愉悦、轻松,脸上带着微笑,目光柔和,语调积极且富有情感。

2. 身体角度

客户的身体前倾,双手摊开,握手有力。

3. 动作姿势

客户的双臂呈放松状态,双腿交叉叠起。

4. 应对策略

一旦客户传递可行的信号,表明对客户经理持赞同的态度,说明客户愿意听客户经理叙述,并对客户经理的话或者推荐的产品感兴趣。此时,客户经理应该抓住机会快速行动,尽快成交。

6.3.2 传递犹豫信号

客户对客户经理推荐的产品表示犹豫时,常常有如下表现。

1. 面部表情

客户的面部表情迷茫或者困惑,目光有意躲避,语调伴随着疑问。

2. 身体角度

客户的身体朝着远离客户经理的方向倾斜。

3.动作姿势

客户双臂交叉,略显紧张,双手摆动或手里玩弄其他东西,握手乏力。

4.应对策略

一旦客户传递犹豫的信号时,表明他还在迟疑和徘徊。此时,客户经理一定要敏感,要意识到可能是沟通不畅或者客户对某些问题一知半解而犹豫,然后果断采取行动,消除客户的疑虑,尽快向可行的方向转换。

6.3.3　传递拒绝信号

客户对客户经理推荐的产品表示拒绝时,常常有如下表现。

1.面部表情

客户表现出生气、紧张或者忐忑不安的样子,锁紧双眉,不再与你有目光接触,语调变得低沉、消极。

2.身体角度

客户突然起身,身体背向你或者锁紧双肩、身体向后倾斜,显示出"拒人于千里之外"或者"心不在焉"的态度。

3.动作姿势

客户双臂交叉并紧紧抱在胸前,握手乏力或做出拒绝的手势,双腿交叉并远离你。

4.应对策略

一旦客户传递出拒绝的信号时,表明客户经理在与一个对其营销的产品或者服务不感兴趣的人打交道。此时,客户经理应该根据营销的进展情况,选择下一步的策略:若再进一步介绍以后,客户态度有所缓和,可继续进行营销;若客户的态度没有转变,则应该及时结束营销,否则就会自讨没趣。

▶▶ **辨别客户异议的案例**

客户经理小王正在向新客户营销贷记卡:"孙总,您好! 我们行新推出了一张贷记卡,功能很丰富,跨行取钱免手续费,异地汇款免手续费,方便又实惠。"

情景一:可行的信号

目标客户:"这个贷记卡有点意思啊!"

小王:"孙总,您带身份证了吗? 我现在就可以给您办理,您马上就能体验到这张卡的好处。"

情景二:犹豫的信号

目标客户:"这种贷记卡和其他银行的贷记卡相比,好像没有很大差别啊!"

小王:"孙总,您对银行贷记卡的了解可真多! 不过,我们的贷记卡有许多特别优惠:一是授信额度较高;二是费率较低,每年消费三次即可免除年费;三是坐飞机时可以走我们银行的贵宾通道;四是卡片设计庄重大方,是高贵身份的象征。您只要体验一下,就会发现这张卡和其他银行贷记卡的差别了。"

情景三:拒绝的信号

目标客户:"我钱包里已经有 7 张银行贷记卡了,不需要了。"

小王:"孙总,您太有金融理财的意识了,您真会利用银行的金融工具。不过,孙总,您多一张贷记卡,就多一份服务的体验;多一个银行,就多一个朋友;多一份贷记卡的授信,就多一份保障,所以我建议您再试试我们的贷记卡。"

在上面的案例情景中,如果客户感兴趣,客户经理就应该抓住时机,马上给客户办理贷记卡。第二种情景中,客户还在犹豫,传达的信息是客户准备拒绝,客户经理就要进行差异化的营销。第三种情景表现的是客户完全的拒绝,这就属于拒绝信号,客户经理也不要放弃,可以先赞美客户,为以后的营销寻求机会。

6.4 处理客户异议的原则

面对客户的异议,客户经理不要过于慌乱,应在心里鼓励自己,积极思考对策,一般可采取以下原则。

视频 6-3 处理客户异议的注意事项

6.4.1 仔细聆听

当客户提出异议时,客户经理要细心听取客户的谈话内容和措辞,弄清异议的真正含义,准确判断客户异议的类型,然后选择适当的方法做出恰当的反应。

在真实的营销过程中,一些客户经理特别喜欢打断客户的提问,因为他们有多年的工作经验,营销知识颇为丰富且比较专业,客户讲到一半时,客户经理就明白了客户问的是什么意思,想快速地解答客户的问题。但这些客户经理却忽视了很重要的一点,那就是客户经理不仅仅是解决客户金融方面的问题,还要顾及客户情感上的接受程度。任何人都不喜欢自己讲话时被别人打断,所以,即使客户经理已经明白了客户提出的问题,也还是要耐心地等客户讲完,因为只有尊重客户才能赢得客户。

6.4.2 表达认同

在明白了客户的意思后,客户经理要表现出尊重和体谅,展示出同理心,表明客户产生这样的想法是可以理解的,使客户产生信任感。

视频 6-4 认同感受

▶▶ **话术示例**

客户异议:"保险都是骗人的,我对保险印象很差。"

接受的响应:

客户经理:"是的,我了解您的意思。但是……"

客户经理:"是的,王先生,我能体会您的感受。但是……"

客户异议:"我觉得保险就是要保大人而不是保小孩。"

认同的响应:

客户经理:"陈先生,我很认同您的想法。但是……"

客户异议:"我认为保障额度不符合实际需求,这比选择产品种类更重要。"

赞美的回应：

客户经理："陈先生,您的想法真是太专业了,我从事保险这么久了,第一次碰到像陈先生这么有保险认知的人,我真的很高兴⋯⋯"

6.4.3 正面回应

客户经理对客户提出的异议要做出合情合理的解释,从正面直接回答客户的异议,正面阐述产品的收益和优势,使其能打动客户,从而消除客户的疑虑。

6.4.4 提出方案,尝试成交

客户经理要对自己营销的金融产品与服务有相当的认识,及时提出解决问题的方案,给客户指明解决问题的方法,帮助客户认识到其提供的金融服务方案能满足客户的需要。提出解决方案后,客户经理可以适时要求客户做出适当行动,尝试成交。

▶ **话术案例**

客户："现在市场那么乱,你们这种财富公司不好说。"(异议)

1. 表达认同

"看来您一直对金融市场有关注,而且您的风险意识非常好。"

2. 正面回应

"现在金融市场是存在不少问题,因为这十年大家一直在热炒金融和房产,为什么呢? 这两个领域来钱太快,所有人都想来插一脚,这种局面肯定是不健康不正常的,势必会进行行业整改,淘汰一批不正常的。"

3. 提出方案,尝试成交

"我们不是淘汰者,相反我们一直是行业的引领者和趋势的缔造者。在2016年,我们就开创性地提出了财富管理行业黄金三原则⋯⋯"

6.5 处理客户异议的方法

处理客户异议的方法有很多,这里主要介绍除疑去误法、让步处理法、以优补劣法、讨教客户法、举例法和转移法等6种方法。

视频 6-5 处理客户异议的技巧

6.5.1 除疑去误法

人与人的思维方式不同,误解的产生也就在所难免。在营销过程中也会产生误解,客户或许由于不了解产品或服务,或许不了解金融机构的实力,就会对客户经理的工作产生疑问。面对这种情况,客户经理应该耐心解释,消除客户的疑问。

▶▶ **话术示例 1**

客户:"保本基金怎么还会亏损啊?"

客户经理:"先生,我和您说明一下,保本基金一般都是有期限的。您持有保本基金到招募书上规定的期限之前,产生的亏损都由基金公司承担,您的本金不会有损失。但是如果您提前赎回的话,这部分的风险就要由您自己承担了。"

▶▶ **话术示例 2**

客户经理:"先生,您好,刚才您已经看过我们的宣传单了,您觉得我们这款理财产品怎么样?"

客户:"看介绍觉得还不错,不过我想再考虑考虑,先不着急购买。"

客户经理:"哦,这样啊,宣传单上写得比较概括,我再为您详细介绍一下。我们这款产品是专门针对小额短期理财的,没有金额和时间的限制,安全性没的说,和一般的存款差不多,利率也比以往的理财产品要高一些,而且您只要打开手机银行,就能看到每天的收益,这么好的产品您还在犹豫什么呢?"

客户:"其实我主要是担心安全问题。"

客户经理:"您放心,保证客户财产安全是我们银行工作人员的使命,您的财产只会有增无减。"

客户:"听你这么一解释我就明白了,这款产品确实不错,我买了。"

▶ 话术示例3

客户经理:"先生您好,看了我们的宣传单,我想您对我们的产品已经有了大致的了解,您打算入手一款吗?"

客户:"不着急,再等几天吧。"

客户经理:"您的顾虑我能理解,我再为您仔细地介绍一下这款产品,您可以当作一个参考的意见,等考虑好了,随时都可以来购买,我们这款产品是……"

客户:"嗯,谢谢啦,产品我已经了解了,考虑好了就来购买。"

客户经理:"好的,期待与您的下一次见面。"

三天后这位客户过来买下了这款产品。

6.5.2　让步处理法

让步处理法也叫作肯定否定法,是指在一定程度上承认客户的看法,然后在此基础上根据有关事实和理由间接否定客户的反对意见,也就是把否定隐藏在肯定之后,先肯定客户,再委婉地表述自己的否定观点。营销中遭遇客户异议甚至是拒绝时,客户经理要学会先缓和客户的情绪,用自己的反应来认同客户,比如点头、微笑、说"是的",进而给自己时间理清思路,找准时机阐明观点。

▶ 话术示例1

客户经理:"您好,打扰一下,我是××银行的客户经理,占用您一小会儿的时间,给您介绍一款储蓄产品。"

客户:"哦,这款产品我听邻居讲过,好像比较一般。"

客户经理:"我觉得可能是误传,刚才我也为您做了详细的介绍,您是不是不太满意?是安全性,还是收益,或者其他方面的问题?"

客户:"其实我主要觉得收益没有其他银行的高。"

客户经理:"您说的确实是事实,表面上看,这款产品的收益较低,那是因为银行会把一部分钱用在维护您的账户安全上,而且,这款产品最大的特点就是可以随时存取,利率都是固定的,并不会因为您存款的时间短而影响您的收益,这样算下来,其实收益并不低。"

客户:"原来是这样,那行,我买一份。"

▶▶ 话术示例 2

客户:"今年整体的投资环境不好,我不想投资基金。"

客户经理:"是的,我觉得您说得有道理,今年的形势的确有可能像您说的这样,但是这种情况反而是主动型基金表现的机会。"

(拿出相应的数据向客户演示和说明。)

▶▶ 错误示范

客户在听完客户经理的介绍后,有时会说类似这样的话:"我听说这款产品一般,并没有你介绍得那么好,我还是不买了。"

我们提倡运用否定法,但不提倡以下几种错误的否定法:

(1)"不会啊,我们的产品很好的。"

客户经理直接反驳客户,客户心里肯定会感到不舒服。

(2)"这款产品就是这样的。"

客户经理给客户一种"爱买不买"的感觉。

(3)"我们银行就没有质量不好的产品。"

客户经理在客户面前表现出盛气凌人的样子,这是更不可取的做法。

6.5.3　以优补劣法

以优补劣法也叫作转换意思法,是指客户经理利用产品或服务的优点来弥补其缺点,以此淡化客户的反对意见。客户经理也可以利用客户的反对意见本身处理客户的反对意见,即将自己的说辞建立在客户的异议之上,然后说服客户。

▶▶ 话术示例 1

客户:"你们的网上银行操作太复杂了,非常不方便!"

客户经理:"是的,为了保障您的资金安全,我们采取了必要的安全措施,其实操作起来并不复杂。我来帮您演示一下。"

▶▶ **话术示例 2**

客户:"我对理财不感兴趣,我没时间理财。"

客户经理:"您的确是个大忙人。工作的目的是赚钱,理财的目的也是资产增值,我们的目标是一致的。我的工作就是为忙碌的您提供专业的金融咨询服务,让您可以把更多的时间留给您的事业和家人。"

▶▶ **话术示例 3**

客户:"我想了解一下这款理财产品。"

客户经理:"这款产品的收益相对来讲还是比较高的,虽然有一定的风险,但银行应该能把控好。"

客户:"虽然话是这么说,可是我还是担心风险过大。"

客户经理:"您的担心我能理解,购买这款理财产品,风险肯定是存在的,但是我们银行在把控风险方面在行业领域内是位于前列的,过去几年都没有出现过重大的失误,所以安全方面您大可放心。"

▶▶ **话术示例 4**

客户经理:"您好,请问我有什么能帮助您的吗?"

客户:"谢谢,我想入手贵行的一款理财产品,我发现其他银行也有类似的产品,不知道你们与他们的产品有什么区别,所以有些犹豫。"

客户经理:"是这样的,这款产品是我们银行最先推出的,所以产品趋于成熟,绝对物有所值,我还把它推荐给自己的亲戚和朋友们购买呢。"

6.5.4 讨教客户法

讨教客户法也叫作认真倾听法,是指在遇到客户持反对意见时,客户经理可以积极地向客户讨教,达到在讨论中化解反对意见的目的。这个方法的使用要点是客户经理要做客户的听众,认真地倾听,给客户尊重的感觉,在倾听中找出客户的需求点进行营销。

话术示例 1

客户经理:"您好,刚才为您介绍的这款产品您觉得怎么样?"

客户:"我考虑了一下,暂时没有购买的打算。"

客户经理:"这样啊。假如您想要购买一款理财产品,您希望它是怎样的?"

客户:"安全性高、收益多、办理方便、操作灵活。"

客户经理:"哈哈,您所说的不就是我们的这款产品吗? 我们的这款产品完全符合您的期望,您说还要考虑,是不相信我还是不相信我们的产品呢?"

客户:"说实话,我觉得你们的产品并没有宣传得那么好。"

客户经理:"我能理解您的这种顾虑,您放心,我们不会进行虚假宣传的,因为这样做轻则声誉受损,重则触碰法律,于人于己都是不利的。现在给您看一下这款产品的销售记录和反馈意见,相信可以打消您的疑虑。"

客户:"看来这款产品还真的挺好的。"

话术示例 2

"看来您在投资方面很有心得,我们应该多向您请教。"

"您认为这款理财产品怎么样?"

"您看看这只基金怎么样?"

6.5.5 举例法

当客户经理介绍完一款产品时,客户普遍会有一个疑惑,那就是:"你讲的是不是真的? 真有那么好吗?"面对客户的这种疑虑,客户经理要怎么办呢? 有句俗语说得好:"事实胜于雄辩。"当客户经理向客户推荐产品时,客户经理与其滔滔不绝地讲产品有多么好,还不如直接向客户展示一个真实的例子。

话术示例 1

客户经理:"先生您好,刚才业务员介绍的那款理财产品您觉得怎么样?"

客户:"还行吧,我考虑几天再过来购买。"

客户经理:"您对我们的产品有什么不满意的地方吗? 或者您是有其他方面的顾虑吗?"

客户:"倒是没有不满意的地方,我和家人商量完再过来吧。"

客户经理:"您第一次接触我们的产品,有疑虑我能理解,但我觉得您还是尽快入手为好,毕竟每天都有收益呢。和您一个小区的王叔叔也买了这款产品,前几天我打电话进行用户反馈时,他说这款产品比之前他购买过的其他同类产品收益都高,他打算再多购买一些,您也就别犹豫了。"

客户:"老王也买了?哈哈,那我就放心了,我们去办理手续吧。"

▶ **话术示例 2**

客户:"保险都是骗人的,现在谁还买保险啊!"

客户经理:"赵先生,很多客户在购买我们的保险之前也和您一样有类似的想法,可他们自从买了我们的保险以后,不仅不再认为保险是骗人的,而且还认为保险对于我们太重要了,并且还多次购买我们的保险,您知道为什么吗?"

对于自己道听途说的东西,自己的内心也未必真的相信,基于这个原理,通常客户给的答复是:"为什么?"当客户经理得到客户这个答复的同时,也得到了一次营销的机会。

任何事情都可以通过故事的形式来进行表达:一方面更能提起客户的兴趣;另一方面,故事的语言通俗易懂,便于客户更好地认识产品。金融领域的知识体系太过于庞大,有的时候,即使客户经理能解释清楚,客户也不一定能听懂,所以客户经理直接告诉客户最关心的内容就好了。这时客户经理讲一个关于产品的故事,就会使客户对产品的理解更为深刻。

6.5.6 转移法

有的客户在拒绝时总喜欢把拒绝的原因归根到别人身上,留给客户经理一种客户自己没有说话权的感觉。这个时候,客户经理不要轻易放弃,最好的办法是顺着客户的话去进行话题转移,最后再回到出发点上。

▶ **话术示例**

客户:"产品挺好的,但是我老公估计不同意。"

客户经理:"您老公不同意是吗?那他一定是比较慎重的,家里有一个比较谨慎的老公还是挺让人放心的。但是我们的这款产品安全性非常高,收益也不错。可以看得出您是一个比较精明的人,您应该也觉得这款产品很不错。相信把这个产品和您老公介绍清楚,他一定就会明白了。那不如这样,我晚上到您家里一趟,我们俩一起和您老公谈谈,您觉得可以吗?”

▶ 错误示例

客户:“产品挺好的,但是我老公估计不同意。”

客户经理:“你怎么连这个家都当不了啊!”

或客户经理:“你在这个家里连这点话语权都没有吗?”

错误示例中类似的话语,对客户来讲是一种不尊重的表现,客户听了这样的话以后,往往会感到气愤,会立即终止和客户经理的谈话,甚至会把客户经理拉入黑名单。

本章总结

1.客户异议产生的原因:(1)客户的原因:拒绝改变,没有意愿,情绪低落,预算不足,担心较多,持有隐藏的异议;(2)客户经理的原因:印象不好,讲解夸张,使用术语过多,沟通不当,专业性不够,姿态过高;(3)金融机构、产品和服务的原因。

2.客户的异议类型:(1)真实的异议;(2)虚假的异议;(3)隐藏的异议。

3.辨别客户异议的方法:(1)传递可行信号;(2)传递犹豫信号;(3)传递拒绝信号。

4.处理客户异议的原则:(1)仔细聆听;(2)表达认同;(3)正面回应;(4)提出方案,尝试成交。

5.处理客户异议的方法:(1)除疑去误法;(2)让步处理法;(3)以优补劣法;(4)讨教客户法;(5)举例法;(6)转移法。

课后练习

小组演练:根据本章学习的异议处理,写出一个常见的异议处理话术,并小组内讨论,以小组为单位上台进行角色扮演。

参考异议:

(1)目前的基金产品没有经历从成立到结束的完整周期,不确定性是不是有点大?

(2)私募股权母基金投资的收益是不是没有单一基金、单一项目高?

(3)你把方案发我看看就行,见面就算了。

(4)银行的产品不如财富公司的好。

(5)担心资金存在安全问题。

(6)感觉各个银行的产品都差不多。

项目七

关单技巧

成交是营销的最后一个阶段,很多客户经理在这个阶段觉得很有压力。因为,客户经理一旦要求客户购买,可能马上会遭到客户的拒绝。但事实上,如果客户经理能够把营销前期的铺垫工作做得非常到位,就能够将客户的需求找得非常准确,为客户提供非常有价值的金融产品方案,让客户做出购买选择。同时,在这个环节中,只要客户经理能掌握客户成交的信号和一些成交方法,就会非常容易关单。

7.1　识别关单信号

对于客户经理来说,把握促成成交时机是至关重要的,过早或者过晚都会影响成交的质量和成败。目标客户决定购买时,往往会通过外部表现来传递购买信号,善于感知他人态度变化的客户经理,能够根据这些信号来判断成交的火候和时机。

视频 7-1 关单的信号
视频 7-2 识别关单信号

客户购买信号的表现形式是复杂多样的,通常会通过语言、行为、表情等表现出来,有些是有意表示的,有些则是无意流露的,后者更需要客户经理及时发现。

7.1.1　语言信号

语言信号最重要的一个特征是客户从被动接受变主动询问,常见的语言信号有以下 5 种。

(1)客户询问产品的一些细节问题。

▶ **话术示例**

(1)"我买了这款理财产品,之后需要用钱时,可以立即赎回来吗?"

(2)"这个产品的收益率是多少呢?"

(3)"每个月定投 5000 块钱,我觉得还是有点多,能不能调整一下?"

(4)"你们的这些业务,能不能在手机客户端上查询?"

(5)"你们这张卡的年费是多少? 我一年刷卡到多少额度能免年费呢?"

(6)"如果我今天投会有什么优惠?"

(2)客户向陪同一起来办业务的同伴征求意见。

▶ **话术示例**

(1)"你看我们要不要买这款理财产品呢?"

(2)"你怎么看?"

(3)客户询问办理业务的具体流程、手续。

▶ **话术示例**

(1)"这个业务具体如何办理呢?"

(2)"办理这个业务还需要填单子吗?"

(4)客户向其他客户或客户经理询问产品的购买和使用情况。

▶ **话术示例**

(1)"你们这个产品有多少人购买啊?"

(2)"你们这款产品续投情况怎么样啊?"

(5)客户询问金融机构的后续服务问题,或使用中遇到困难如何处理等。

▶ **话术示例**

(1)"办了你们的信用卡,每个月什么时候还款啊?"

(2)"我投了以后,怎么了解后续的投资情况呢?"

7.1.2　行为信号

客户有意购买产品时,通常会通过一系列行为来传递信号。

(1)客户对产品表现出浓厚的兴趣,非常关注,面带微笑,频频点头,身体向前倾。

(2)客户的态度突然从冷漠、怀疑变为亲切、随和。

(3)客户突然沉默不说话,陷入沉思。

(4)客户主动跟客户经理要产品宣传折页或产品说明书,并仔细阅读,确认相关条款。

(5)客户让客户经理帮忙计算购买一定金额产品的具体收益。

7.1.3　表情信号

客户经理可以通过客户的面部表情分辨出成交的信号。

(1)客户由凝神深思转为轻松愉悦,脸上有时会露出笑容,眼睛炯炯有神。

(2)客户由索然无味、毫无反应变得饶有兴趣。

(3)客户由低着头或看别的东西,心不在焉,变成抬起头来,表情专注。

客户的语言、面部表情和一举一动都在表明他们的想法,客户经理一定要及时发现、理解、利用客户表露出来的成交信号,把握好机会,促成交易。

7.2　客户成交方法

促进客户成交的方法有很多,客户经理要灵活运用各种方法,讲究方法策略,就能兵来将挡,水来土掩,促进交易成功。

视频 7-3 促成关单三大方法

7.2.1　默认成交法

电影《非诚勿扰2》中,葛优去杭州看房子,客户经理对他说:"先生您好,这是您的私人钓台,这是您的私人会客厅,这是您的私人浴室,这是您的私人……"这位客户经理用的就是默认成交法。

默认成交法是指当客户经理发现客户购买的时机已经成熟时,不必直接问客户买不买,而是询问一些假设当客户已经决定购买之后,需要考虑的一些购买细节问题。默认成交法适合有购买意向,但犹豫不决的客户,需要有人给他做决定,让其下定决心购买。

▶ **话术示例**

(1)"您投资基金定投的话,是月初扣款方便,还是月中或月末扣款方便呢?"

(2)"您看,先生,您选的这个基金是股票型基金,而且您的这个基金,主要投资的是医药领域。您的这个基金是三年保本,投满三年,就可以保本,而且您的这个基金手续费是……"

(3)"王小姐,您什么时间打款,我让小刘把相关资料和流程给您安排好。"

(4)"您有网上银行吗? 有的话,我们这边资料准备好了您就马上可以打款了。"

7.2.2 分析成交法

银行家看中的是稳健,企业家看中的是投资机会,机会都是不等人的,客户经理就可以着重为客户分析这一点,突出对应时间、其他对手差异性会给他带来的损失,来促成客户成交。分析成交法适合看中结果、注重逻辑专业、理性分析的专业人士。

▶ **话术示例**

(1)"时机是投资最大的挑战,您现在就购买会比您两个月后购买多出 20 万元的收益。"

(2)"我们的产品和市场上的同类型相比,时间、收益、风险、收益分配方式都是最符合您资产配置需求的,优势那么明显,您也能看得出来,还在犹豫什么呢?"

7.2.3 从众成交法

客户在投资新的金融产品时,都会持有谨慎的态度。凡是没有尝试过的新产品,客户一般都持有怀疑态度,不敢轻易投入资金。社会心理学研究表明,从众行为是一种普遍的社会心理现象。每个人都有从众心理,尤其是在面临选择的时候,人们的从众心理会更加突出。

从众成交法是指客户经理利用客户的从众心理,促使客户立刻购买产品的方法。客户之间的相互影响和相互说服力,可能要大于客户经理的说服力,这就是口碑的力量。若客户经理能巧妙利用从众成交法,让客户产生趋同心理,影响其做出购买决定,那么成交就相对容易很多。

▶ **话术示例**

(1)"我的一个企业主客户(客户类型可随目标客户群体而灵活更换)也像您一样……"

(2)"我们这款产品昨天刚成交了一笔××万元的大单……客户一开始也跟您一样……"

(3)"王总,上次和您一起参加活动的李总,您还记得吧,他已经购买了××,也和您一样,对××比较认可。"

7.2.4 强化需求成交法

客户经理应再次强化客户需求,放大痛点,促使客户行动,同时匹配一些相关服务吸引客户。

▶ **话术示例**

"我们沟通了这么多次,尤其专家团队也给出了科学的配置建议方案。对您的情况××还是非常实用的。您也知道现在形势变化这么快,明天永远不知道会发生什么,最好的方式就是准备充分,随时面对各种突发状况。同时我们公司也给出了高端客户以往没有的服务××,我觉得××非常适合您。"

7.2.5　巩固关单

在客户对金融产品和服务有购买意向但还未打款或办理前,仍有一些客户会在这个时候犹豫,甚至可能反悔。这种时候,我们需要再次给予客户购买信心,同时以自然的方式增加客户打款的紧迫感,巩固关单。

▶ **话术示例**

(1)"这款产品募集时间有限,后天就结束了(时间也可替换为额度)。今天错过了,同类型这么好的产品什么时候还有,真不确定。这款产品也正好满足您的需求,还真的挺难得的。"

(2)"这款产品全国都卖得很火,之所以现在才和您介绍就是因为产品已经被订完了,现在能买是因为今天上午有客户临时资金没法到位,才余出些份额,如果您确定购买,我马上向产品部申请特批帮您保留额度。"

7.3　成交的注意事项

促成交易阶段是客户经理既期待又怕受伤害的阶段。期待的是马上可以和客户签约了,惧怕的是如果遭到客户拒绝,一切努力会付之东流。顺利成交当然是一件快乐的事情,客户经理如果一不小心陷入一些误区或者触犯一些禁忌,往往就会导致成交失败。

7.3.1　知己知彼,百战不殆

"知彼不够"是指客户经理对客户了解不够。客户经理对客户的了解分为两个阶段:一是正式商谈之前的案头或实地研究工作;二是正式商谈开始之后继续深入了解、掌握对方真实的意图。

了解客户的最佳途径是善于倾听和询问,但很多客户经理不愿意或忘记应该成为一个高水平的倾听者和提问者,唯恐自己说得太少而拼命说话,结果不但没有说服客户,还把很多重要的、不必告诉客户的信息暴露给客户。更为致命的是,客户经理忽略倾听就等于放弃了进一步了解客户的机会,也封闭了自己通向客户内心需求、愿望的通道,最终错失成交的良机。

其实做营销,只要还没有最终签约,客户都可能被其他银行抢走。营销成功与否就在于在成交之前,客户经理是否做到知己知彼,这就是营销的魅力所在。作为客户经理,一定要"知己知彼",才能"百战不殆"。

7.3.2 要给客户留面子

营销商谈,特别是在促成交易的最后关头,难免会遇到僵局。很多客户经理常常失去常态,与客户争论甚至争吵起来,这是一种错误的举动。要知道,成交是双方协调利益,最终达成一致的过程,争论只会让人失去理智,不利于商谈的顺利进行,并且使商谈偏离达成协议的最终目标。

客户经理在与客户的交往中,一定要注意保全客户的面子。即使交易成功了,但在交易的过程中让客户感觉丢了面子,客户经理也就没有下次营销的机会了。因此,客户经理要坚信客户永远是对的,即使客户错了,也没有必要指责,买卖不成仁义在。比如,由于客户的信用不好,你不把贷款贷给他,也没有必要指责他的信用。万一你合作的客户中有他的朋友呢?万一将来你们还有机会合作呢?在与客户谈判交流的过程中,客户经理不能咄咄逼人,出口伤人,学会为客户保留面子是最基本的一条原则,要学会利用"面子"来获取更多的机会和财富。

✏️ **失败案例**

张伟在 24 岁的时候就当上了××银行的客户经理,正当他意气风发地打算干一番事业时,却出现了意想不到的变故。有一天张伟在与客户交流的过程中,在产品的投资项目安全性上,双方出现了矛盾,导致张伟与客户发生了一点口角。没想到事情愈演愈烈,年轻的张伟因受不了客户对他的指责,对客户破口大骂,不依不饶。最后,在同事的劝说下张伟才停止了和客户的争吵。最终,由于客户的投诉,张伟受到了批评,还差点银行被开除。

成功案例

　　王丹担任客户经理已经三年多了,在一次与客户的面谈中,双方都坚持己见,使得谈判一度陷入僵局,为了避免谈判失败,她积极地做了一些工作,最终使得谈判顺利达成。事后别的同事问起王丹是如何应对的,王丹说了三条多年工作的经验。

　　(1)在"交锋"比较激烈的时候,可以先放一放,给双方一个冷静的时间和空间,并为达成最后的协议做出一些合理的让步。

　　(2)在某一条件达不成一致时,可以暂时绕过这一条,等把剩余的谈拢了再返回来进行商谈,也许会取得意料之外的效果。

　　(3)当前两条行不通时,可以找个两家公司都信任的第三方来进行协调,通过调节双方的矛盾,来突破僵局,促使谈判成功。

　　在与人交流的过程中,矛盾是不可避免的,客户经理要学会换位思考,多一些对客户的认可与尊重,会让客户觉得很有面子。

7.3.3　不要急于求成

　　善于控制营销进程是赢得成交的重要一环。做营销需要一个酝酿的过程,无论是年轻的客户经理,还是有经验的客户经理,都要沉住气,不能太浮躁,更不要妄想能一口吃成"胖子"。如果在双方合作关系不太密切的情况下,就急于达成协议,往往会欲速则不达。如果客户经理过快地把信息全部透露给对方,就等于打牌时把大牌、好牌迅速出完,到后来就没什么"王牌"可出了。

　　因此,客户经理在促成交易的过程中,一定要掌握好商谈节奏,一点一点地把信息透露给对方,同时不断地探出对方的信息。

✏ **失败案例**

> 李行是杭州××银行的客户经理。从业 10 多年来,他从初出茅庐的稚嫩小伙已成长为可以独当一面,拥有一定规模客户群体,为银行取得巨额利润的资深客户经理。这期间他经历了不计其数、大大小小的谈判,而令他印象最深刻的就是第一次去谈判。
>
> 李行参加工作后,一直跟着老员工一起走访客户,积累面谈的经验,学习产品的知识。三个月后,因为他积极上进,部门经理决定让他去和一家小企业谈一笔贷款,并告诉他最多让利 3%。在谈判的过程中,当对方问他最大让利空间是多少时,他因为有些紧张直接亮出底牌,说 3%。而那家企业想争取更大的利益,于是不断地施压,最终以让利 3.5% 达成协议,结果减少了收益,给银行造成了没有必要的损失。

7.3.4 尊重客户的决定,不可"穷追猛打",要适当变通

一个客户和多家金融机构合作是很正常的事,没有一家金融机构可以包打天下。面对激烈竞争的局面,客户经理要有开放的心态,当与客户意见出现分歧的时候,不妨试试退而求其次。比如,客户经理想为客户做全面的资产配置,客户表示先做一个固定收益业务试试,那客户经理就从固定收益业务做起,不要急于求成。

有些客户经理"宁为玉碎,不为瓦全",总是坚持自己的意见,结果导致营销失败。其实,金融机构与客户是双赢的关系,金融机构要与客户建立长期而稳固的合作关系。客户经理只要与客户有接触机会,就有成功签单的可能。

7.3.5 避免像多米诺骨牌一样让步

对于客户经理来说,在商谈中首先要做到守住自己的底线,千万不能失去自我。客户经理适当的让步并不是像多米诺骨牌一样一味地妥协,凡事都有一个度,所谓"过犹不及",毫无底线的退让,只会让对方得寸进尺,损害到己方的利益。有些客户经理遇到经验老到又温文尔雅的商谈老手,在对方的引导下,

就会糊里糊涂地接受对方的条件,事后才发现自己让步实在太多,不免顿生悔意。

📝 成功案例

孙杰现在是××银行的客户经理。一年前,他在担任客户经理的时候,曾发生过这样一件事。他与一家大型企业谈贷款业务时,对方为了争取利益,不断地要求他降低利率,而孙杰出于争取这个大客户的目的,一直都是无条件退让。就在合同达成前夕,这家大企业要求再次让利,如果再次让利的话,银行的利润空间就被缩小到极限了。

在一般人看来,这时的孙杰面临两种选择,即要么不盈利,要么放弃合作,无论哪种结果都会使前期投入的时间和精力打水漂。然而,孙杰却想出了一个两全其美的办法,在满足企业要求的同时,也为银行争取到了利益。

那他究竟是怎么做到的呢?

原来在正式谈判时,孙杰答应了企业的要求,但是他也提出了一个条件,即企业员工的工资卡必须要用他们银行的卡,最终企业也接受了这个条件。

这么一个小小的转变,使得孙杰所在银行的银行卡使用人数大大增加,而且加强了与这家大型企业的合作,可谓一举多得。在以后的谈判中,孙杰不再一味地妥协与退让,而是采取"进中有退,退中有进"的策略,和许多大客户都成功地进行了合作。

7.4 成交的禁忌

视频 7-4 成交的禁忌

优秀的客户经理非常重视谈判的艺术,尤其是避免触犯谈判中的大忌,所以能够取得一次又一次的成功。因此,在最后的谈判过程中,客户经理一定要避免以下四点禁忌。

1.打断客户谈话

当客户发表自己的意见时,客户经理一定要耐心地倾听,千万不要随意打断对方的谈话,否则很容易引起对方的反感,造成营销谈判的失败。

2.盯着客户的过失

有些客户经理习惯在与客户交谈的过程中,指出客户曾经犯过的错误,试图削弱对方以赢得优势。这是非常错误的行为,要记住,客户永远是对的,即使他过去有什么错,也是客户自己的事,客户经理没有去评判的资格。同时,谈及他人过去的错误,容易伤人自尊心,打击他人的积极性,不利于建立信任,也不利于形成融洽的交谈气氛。

3.说话太多

言多必失。一个知识面广、阅历丰富的客户经理在与客户的营销过程中,绝不会说太多的话,该说的说,不该说的绝不开口。

4.说和做让客户产生反感的言行

客户经理和客户交谈过程中,言行举止有十戒:

戒虚伪:客户经理虚情假意、言不由衷可能会导致商谈的失败;

戒露锋:过分炫耀自己、锋芒毕露会使客户经理不被客户接受;

戒粗鲁:语言粗俗、缺乏教养的客户经理不会受到客户的尊重;

戒庸俗:间歇或休会也是营销的重要组成部分,如果在这期间客户经理跟客户大谈吃喝玩乐会给人以庸俗之感;

戒流气:客户经理油腔滑调、流里流气会给人不务正业或不干正事的印象;

戒诽谤:客户经理对竞争对手说长道短、无中生有、恶意中伤;

戒轻率:客户经理轻易许诺、事后反悔只会造成轻诺寡信的消极后果;

戒浮夸:客户经理如果讲话过于夸张,不尊重事实,是不会得到客户的信赖的;

戒啰唆:客户经理讲话时颠三倒四、啰里啰唆,这并不是营销语言的风格;

戒牵强:客户经理在讲道理时生搬硬套、牵强附会,是不会有说服力的。

✎ 本章总结

1.识别关单信号:(1)语言信号;(2)行为信号;(3)表情信号。

2.客户成交方法:(1)默认成交法;(2)分析成交法;(3)从众成交法;(4)强化需求成交法。

3.成交的注意事项:(1)知己知彼,百战不殆;(2)要给客户留面子;(3)不要急于求成;(4)尊重客户的决定,不可"穷追猛打",要适当变通;(5)避免像多米诺骨牌一样让步。

4.成交的禁忌:(1)打断客户谈话;(2)盯着客户的过失;(3)说话太多;(4)说和做让客户产生反感的言行。

课后练习

请每个小组分别根据不同的客户群体的特性,采用合适的促成关单的方式进行小组讨论并演练。

项目八

客户关系管理

《哈佛商业评论》中有篇文章指出,提高客户 5％ 的满意度,可以为企业带来双倍的利润。大量实践表明,2/3 的客户离开原有的客户经理,是因为受到的关怀不够。

成交才是销售的开始,客户购买完产品,更希望得到持续好的服务,让其有物超所值的感觉。金融机构也是商家,客户经理要以客户为中心,站在客户的角度,做好客户关系维护。

8.1　客户关系维护的方式

客户经理就是客户的经理,没有客户就没有客户经理。客户维护的基本方式是将所有客户分配给客户经理进行开发和维护,逐一落实客户责任,不留一户空白。

客户维护责任制有三种模式:①一人多户(一个客户经理分管多个客户);②一人一户(一个客户经理分管一个客户);③多人一户,即对大型优质客户,实行双线维护制(配备一名高级客户经理和一名客户经理)、多重维护制(金融机构从总部到营业部均配备管护客户经理)和客户维护小组维护制(建立由客户经理和产品经理参加的客户服务小组,为大型客户提供综合服务)。

客户维护责任制的关键在于责任,客户经理和客户服务小组要承担客户维护责任,履行本职职责。首先,要坚持权责利相统一的原则。客户经理按权限分别对现有客户行使客户维护权力,并承担相匹配的责任,同时根据客户维护任务完成情况,将其与客户经理的绩效、利益挂钩。其次,要全面实行责任追究制度。因客户经理管理不力、风险预警不及时、客户关系处理不当、投后信息管理不到位等原因,而人为地造成优良客户流失、为金融机构带来损失的,要追究客户经理的责任。最后,要全面建立客户责任移交制。客户经理发生工作变动时,要对客户的等级、投资状态、风险状况等进行严格认定,认真办好责任移交手续,界定管户责任。

8.2 客户关系维护的内容

总的来说,客户关系维护的内容主要包括 3 个方面:产品(服务)跟进维护、关系维护和知识维护。

8.2.1 产品(服务)跟进维护

客户经理与客户签订了协议之后,就要尽快履行协议。在此之后,金融机构还会陆续开发新的产品和服务,虽然在此前的协议中并没有包含这些,客户经理也应该主动去告知客户,让客户感受到金融机构每时每刻的关心。

产品跟进服务是保证客户满意的重要机制,是客户维护的关键举措,包括对客户履行产品(服务)承诺,产品(服务)售后跟踪,推介新开发的产品(服务)和提供超值服务 4 个方面。

1.履行产品(服务)承诺

为保证金融机构承诺的产品(服务)履行到位,客户经理应充当连接客户与金融机构的桥梁,严格按照产品(服务)协议检查履行情况。客户经理对外及时了解客户对产品(服务)使用情况的意见,对内及时向客户部门和产品专家进行反馈,为双方搭建沟通信息的桥梁。

2.产品(服务)售后跟踪

在每次产品(服务)跟进后,客户经理要尽快更新原有的客户记录,完成访客报告,做好机构内部各有关职能部门的协调工作,并及时将机构采取的改进措施等有关情况反馈给客户,以维护金融机构与客户关系健康、稳定地发展。一旦出现问题,客户经理应立即协调解决。

有些客户对金融机构不满意,主要就是因为购买商品前后客户经理的态度完全不同。营销始于签约之后,客户经理一定要关注产品售后跟踪的细节。

比较典型的细节有:

(1)账户到期提醒、逾期提醒,包括存款到期、信用卡还款、贷款到期等;

(2)账户收益提醒,包括提醒客户现在投资资产的净值是多少、收益率是多少,现在能不能平仓、能不能减仓等;

(3)账户异动信号提醒,包括基金净值异动、分红,账户止盈止损提醒等;

(4)定期财富诊断,包括提醒客户所购买产品的相关市场和服务信息的变化、对客户已购买的产品组合定期进行分析与回顾、对已提供给客户的资产配置及理财规划建议进行跟踪和修正等;

(5)提供客户感兴趣的其他产品和资讯等。

3.推介新开发的产品(服务)

金融机构要不断向现有客户提供新开发的产品和服务,扩大产品线,延长价值链。作为一种营销策略,扩大产品销售、扩展服务功能的优势明显,它能够减少客户寻求其他金融机构服务的需求,排斥竞争者,培养客户对金融机构的忠诚度。

金融机构可通过开发能提高业务一体化和客户便利程度的产品,来扩大同客户的合作范围。金融机构应该提供自动化信息查询系统,帮助客户获得有关信息。客户经理也应该了解每件新产品的性能、使用方法,了解哪些新产品适用于哪些客户,以便有针对性地营销。

？ 小提示

金融产品和服务要想在竞争中取胜,必须具备四大要素:一是高品质;二是独特性,或者说能满足客户的特殊需求;三是速度快,有独特的竞争优势;四是全方位,能满足客户同类服务的各种需求。

4.提供超值服务

在产品(服务)跟进维护中,客户经理一定要提供超值服务来赢得客户。所谓"超值服务"是指客户经理从参与市场竞争、赢得客户的角度出发,以自觉的行动、情感的力量、精神的感召、智力的支持、信息的传递、科技的手段为客户提供金融服务,超出客户对金融服务需求的心理预期,超出服务本身价值的一种具有浓厚人情味的,给客户带来满足感,给银行带来高效率、高效益的服务方式。

超值服务的作用形式包括:

(1)追求超常规服务的极限,使客户能够体验到金融机构深蕴的文化品位;

(2)服务内容超出了常规金融服务的范围,使客户感受到从服务中得到的利益超值;

(3)提供高科技、现代化、多功能的现代金融服务。

8.2.2　关系维护

有研究表明,客户经理说服老客户去购买一款产品所花费的时间只有说服新客户的七分之一。这就意味着客户经理花同样的时间和精力,与老客户的成交量是新客户成交量的七倍。除此之外,每个客户身后都有八个左右的潜在客户,能与老客户建立良好的关系,对客户经理拓展业务是有很大帮助的。客户在购买完产品后,很少会给客户经理打电话。但是,客户经理可千万不可忽略了客户,尤其不能忽略老客户,要不断地增进与他们的感情,维护关系,为下一次交易铺路。

客户经理与客户增进关系的方式有很多,这里介绍三种方法。

1.在交易达成后,要向客户致谢

一般情况下,客户经理在交易达成的三到五天内要向客户表达自己的谢意,如可以通过打电话致谢,或者邮寄一封外表精美、内容真挚的感谢卡。这里更提倡以电话的形式,向客户表达感谢。客户经理主动打个电话给客户,客户的感觉就会不一样。

日本的营销大师原一平,身高只有 1.45 米,但是他连续 15 年蝉联日本的营销状元,被称为"推销之神",他推销成功的秘诀之一就是他磁性的男中音。客户经理在电话里的笑声可以感染客户,这是无声短信无法达到的效果。

2.日常情感关怀

客户经理要在日常生活中维护客户关系。

（1）重要日子勤问候

在重要的节日、客户的生日、客户的重要纪念日时，客户经理可以通过发微信（短信）、打电话或邮寄贺卡的形式进行问候。

这里需要注意的是，客户经理在给客户发送祝福短信时，不要发送从网上下载的模板短信内容，这些对客户来说都是重复的、没有创意的、没有情感的、冷冰冰的文字堆积。客户经理要发送来自原创的祝福信息，即使文字很朴实，里面包含的却是客户经理发自内心的祝福，这会给客户带来不一样的温暖。

（2）共同话题多交流

客户经理需要花时间去收集非金融类客户感兴趣的信息（如餐饮信息、娱乐信息），累积一些和客户的共同话题（如宠物、子女教育等）。比如，客户喜欢篮球，客户经理就多和他谈论球赛；客户喜欢足球，客户经理就多和他交流其喜欢的球队信息；客户喜欢钓鱼，客户经理就告诉他周边的钓鱼场所等。

（3）重点客户勤走动

拉近客户情感最有效的方式就是与客户勤联系。客户经理应定期回访客户或邀请客户到金融机构来坐一坐。这一方面有助于客户经理与客户建立良好的私人感情，另一方面可以使客户感到被尊重，从而有助于开展后续的营销活动。

3.举办活动

客户经理可以时常举办一些活动，比如投资沙龙、美容沙龙、鉴赏沙龙、国宝古董收藏欣赏、宴会、酒会、短途旅行团、理财知识类讲座、行情分析类讲座等，邀请客户参加。

客户经理还可以建立一个贵宾客户俱乐部。在这个俱乐部中，客户经理可以经常组织活动，为客户提供交流的平台。俱乐部中的成员可以来自不同行业、不同地区，但是组织一项活动时，要注意邀请同类型的客户参加。

8.2.3 知识维护

客户经理以价格折扣、金钱奖励回报客户是最低层次的竞争手段，也是最易模仿的手段，而且这种竞争的后果往往是两败俱伤，最终导致产品维护质量下降。而金融机构内的一些大客户，希望获得一些共赢的增值服务，这些服务就表现在知识层面上。称职的维护应该是客户经理与客户在知识结构上建立稳固的关系,使客户成为长期忠实的消费者,客户经理成为客户的一个知识源。

在这个信息爆炸的时代,客户经理需要从专业的角度,为客户进行信息的筛选、归纳与总结,从而让客户对客户经理产生一定的知识依赖。

8.2.4 客户关系维护技巧

视频 8-2 客户关系维护技巧

1.注重过程和仪式感,从对方的需要上表达诉求

客户在表达需求的时候,客户经理要有笃定的眼神,要把话题往客户的需求上引导,让客户感受到被尊重。

2.基于信任和活动的情感维护

客户经理与客户之间的关系,所做的一切客户维护活动,都要以信任为基础。

3.主动向客户汇报行业、公司、个人动态

客户经理在没有办法与客户一直保持密切接触的时候,多向客户汇报行业的信息,公司的发展以及客户经理个人的成长信息,这比下雨天提醒客户带伞,天冷记得添衣这样的沟通,更加成熟和有效。

4.要有规律性,形成记忆

客户经理与客户的沟通要有规律,让客户形成记忆。比如客户经理可以在每周二的上午,以比较固定的形式向客户汇报行业、公司以及个人的动态,并取一个能吸引客户阅读的标题,通过这样的沟通方式,加深客户的印象。当客户有购买金融产品的意向时,第一个想到的是"你"这位客户经理。

5."栽花效应",向客户寻求帮助

客户经理可以向客户寻求一些不让客户为难的,与客户所处行业相关的帮助,比如客户是制药行业的,客户经理对药品方面的问题,不是很清楚,希望客户可以帮忙解答一下等,在客户为客户经理解答了相关问题之后,客户经理可以通过请吃饭等方式来表示感谢。通过这样的"栽花效应",客户经理进一步加强了和客户之间的关系。

6.建立人脉档案

客户经理将客户周边的人脉关系进行记录,包括有哪些人脉资源,周边人群是什么样的背景等,从而形成自己的一个人脉档案册。

7.培养自己的爱好与特长

在进行资源开发的时候,客户经理需要检视自己的爱好与特长是否与自己的大客户相匹配。客户经理只有与自己的客户有相同的特长与爱好,才能在沟通的时候形成更多的共鸣。

8.多维度重合地维护客户关系

每个人在生活中会有多个维度,涉及方方面面。客户经理可以通过朋友圈、网络等不断了解客户的各个维度,然后尝试跟客户在各个维度寻找重合与共鸣。客户经理与客户的重合与共鸣越多,与客户的关系就越密切,让客户产生一种相见恨晚、很有缘分的感觉。但是,在这个过程中,客户经理一定要把握一个度,不能让客户有一种自己的隐私被调查清楚的感觉。

资料 8-1 如何制造关键机会,促进客户关系

8.3 客户忠诚度培养

金融机构的利益是建立在客户的利益之上的,所以保障客户的利益是金融机构必须要做好的工作。老客户,作为金融机构的"忠实客户",对金融机构的产品和服务都很信赖。留住老客户可以有效降低金融机构的运作成本,还能通过老客户的有效推荐,带来可靠的新客户。因此,金融机构要持续维护客户关系,提升客户关系客户层级,全力培养客户忠诚度。

视频 8-3 如何培养忠诚客户

客户忠诚是指客户对企业产生依赖的一种行为倾向,即客户对所购的特定产品或服务产生了好感或依赖,并形成行为上的偏好,进而可能重复这一行为。当一个企业的客户忠诚度上升 5%时,利润就可以提升 25%～100%。一个企业客户忠诚度的高低,能够直接决定企业的存亡。不断地提升客户忠诚度,对客户经理来说是一项非常重要的任务。

　　成功培养客户忠诚度,除了前期完美满足客户需求,以及成交以后有效进行客户关系维护外,还可以运用奖励计划,来培养夯实客户忠诚度。

　　客户经理提供奖励的方法有很多,但怎样才能给到客户的"心坎儿里"是一个值得仔细考虑的问题。礼物选好了,客户就会感到高兴,而礼物选不好不但浪费金钱,还达不到让客户满意的效果。所以,客户经理在为客户挑选礼品时,不能敷衍了事,而是要好好地下一番功夫。一个高质量的奖励要从价值塑造、实用价值和情感价值这三方面来考虑。

8.3.1　价值塑造

　　客户并不会因为金融机构提供了奖励而去购买一款金融产品,却会因为在购买产品时金融机构提供奖励而变得开心,从而愿意再次进行消费。因此,客户经理在选择奖品时要有针对性,能够根据不同的客户给赠品塑造价值。

✏ **成功案例**

　　王芳是××银行的客户经理,每次都能给老客户提供直达客户"心坎儿"的礼品。快过年时,有位老客户来银行取款。

　　王芳:"李哥,来办理什么业务啊?"

　　客户:"明天就要回老家过年了,过来取点现金,乡下取钱不太方便。"

　　王芳:"哦,是这样啊。您老家亲戚挺多的吧?"

　　客户:"是啊,需要走亲访友的得有五六家吧。"

　　王芳:"过年福字、对联得贴不少吧?"

　　客户:"可不是吗? 你不说我差点忘了,一会儿还得去买这些东西。"

　　王芳:"您别急,我们银行就有专门为老客户定制的新春礼包,我现在就给您拿去。"

　　客户:"那太好了,谢谢你。"

　　新春礼包里的福字、对联上必然有银行的名字,其实相当于给银行做了广告。客户经理送客户新春礼包,不但满足了客户的需求,而且还能为银行做宣传,可谓一举两得。

8.3.2　实用价值

客户经理在为客户提供奖励时,不能忽略礼物的实用价值。有些礼物并不会花费多少钱,却能给客户带来方便,"急人之所急,需人之所需"是客户经理必须具备的观念。

📝 **成功案例**

> 李大爷是××银行的老客户了,虽然经常办理业务,但因为金额没有达到一定的标准,一直都不是 VIP(贵宾)。所以,每次来都要排很久的队办理业务,对年事已高的李大爷来说,非常不方便。新上任的客户经理王刚了解了情况后,就申请帮李大爷办理了一张贵宾卡,李大爷每次来办理业务时就不用再花时间排队了,直接走 VIP 通道。
>
> 办理贵宾卡并不需要花费很高的成本,但对腿脚不方便的李大爷来说却是"雪中送炭",这种奖励传达出了银行对老客户的关怀,更容易留住客户。

8.3.3　情感价值

客户经理所提供的礼物,除了要有实用价值,情感价值也是非常重要的。如果客户经理提供的礼物可以包含亲情、爱情、友情、绿色、健康等正面的概念,客户就会更喜欢。

📝 **成功案例**

> 客户经理与长期没有在银行办理业务的张总进行电话回访。
>
> 客户经理:"张总,最近工作挺忙的吧?朋友圈都没看到您发消息。"
>
> 客户:"工作倒是不忙,我儿子出生了,这半个月一直在家里忙。"
>
> 客户经理:"那可恭喜您了!刚好,我们银行今年发行了牛年纪念币,我给您寄过来,当作给您儿子出生的礼物,也谢谢您长期以来对我们银行的支持。"

客户:"哈哈,谢谢你们这份特殊的礼物。"

客户经理:"您客气了,一点心意,我待会就安排给您寄出。"

8.4 如何应对老客户让利的要求

为了对老客户表现出特别的关照,金融机构会在产品的价格或服务上提供特别的优惠,让老客户觉得自己受到了不同于一般客户的待遇,获得了更多的重视和尊重,以此来增加客户的好感。同样地,老客户也会经常要求客户经理进行让利。面对客户让利的要求,客户经理要谨慎处理。

▶ **错误话术**

(1)"对不起,不管是新客户还是老客户,我们都没有优惠。"

(2)"不好意思,即使老客户也是没有优惠的。"

这样的说法,相当于告诉老客户:新老客户都是一样的,没有谁会得到特殊的对待。

(3)"既然您是老客户了,就该清楚我们的规定。"

这样的说法,相当于告诉老客户:你是在撒谎,要真是老客户就不会有这样的要求了。

(4)"知道您是老客户,但这是金融机构的规定,我也没办法。"

这样的说法,相当于直接把责任推给了金融机构,会让客户更加反感。

以上这几种回答,都没有顾及老客户的感受,毫无疑问会造成客户的流失。

▶ **话术示例**

(1)"是的,王先生,我经常见到您来我们银行办理业务,按道理,确实应该给您一些优惠,只是现在这款产品已经是最低的价格了。这样吧,我们送您一套纪念币作为您长期以来对我们银行支持的感谢,您看这样可以吗?"

(2)"张先生,一般情况下,像您这样的老客户即使不提要求,我们也会主动地提出优惠,只是现在这款产品真的不能再便宜了,但您毕竟是老客户,银行可以为您免费办理一张金卡,您觉得行不行?"

这两种回答没有实质性地降低产品的价格,但却使客户觉得他们享受到了不同于一般客户的待遇,在心理上得到了满足,为客户提供了"看不见"的优惠。

本章总结

1.客户关系维护的方式:(1)一人多户;(2)一人一户;(3)多人一户。

2.客户关系维护的内容:(1)产品(服务)跟进维护,包括履行产品(服务)承诺,产品(服务)售后跟踪,推介新开发的产品(服务),提供超值服务;(2)关系维护,包括在交易达成后,要向客户致谢,日常情感关怀,举办活动;(3)知识维护。

3.客户关系维护技巧:(1)注重过程和仪式感;(2)基于信任和活动的情感维护;(3)主动向客户汇报行业、公司、个人动态;(4)要有规律性,形成记忆;(5)"栽花效应",向客户寻求帮助;(6)建立人脉档案;(7)培养自己的爱好与特长;(8)多维度重合地维护客户关系。

4.客户忠诚度培养:(1)价值塑造;(2)实用价值;(3)情感价值。

5.如何应对老客户让利的要求:不要直接拒绝客户的要求,为客户提供"看不见"的优惠,让老客户在心理上得到满足。

课后练习

1.请每个小组根据不同情节进行客户关系维护的演练。

情景1

客户背景信息:杜女士,私营业主,38岁,为银行的目标客户。

目的:将目标优质客户转化为银行忠诚客户。

关系维护手段:新产品推介、送生日祝福、外汇买卖讲座邀约等。

情景2

客户背景信息:刘先生,48岁,公司高级管理人员,现有优质客户。现得知刘先生因儿子打算去日本留学,下个月要到日本进行交流活动。

目的:向刘先生推荐他所熟悉的国际卡。

关系维护手段:推荐国际卡副卡业务、留学专题讲座邀约等。

2.除了客户生日、定存到期外,你还可以想到的与存量客户约谈的理由有哪些?

项目九

5G 时代，新媒体营销

伴随着 5G 时代的到来，线上新媒体营销已经逐渐成为主流的营销手段。

2015 年，线上新媒体营销正式在中国兴起，网络直播成为线上新媒体营销的导火索。

2016 年，直播营销正式进入细分时代，淘宝直播在此阶段产生。

2018 年，抖音、快手等短视频营销直播实现突破性发展，正式步入黄金巅峰时代。2018 年，淘宝、快手、抖音三大直播逐渐发展壮大，三足鼎立的局面正式到来，它们成为中国新消费时代的象征，直播也通过其直接性、用户性等新兴媒体所具备的优势，成为一种新的消费方式，甚至说是一种新的生活方式。

2019 年双十一当天，淘宝直播日均达到 2.2 亿次，网红直播变成双 11 狂欢节的新方式。

2019 年末，新冠疫情暴发，我国各领域遭受到了重创性的打击，各类金融机构营销人员也第一次遭遇了疫情难题。客户经理如何去获取客户？如何与客户保持联系？如何在危机中寻找新的生机？

线上营销大体由 9 个流程组成，包括：活动发布、邀请收看、预约报名、直播观看、账号注册、策略跟进、邀约陪访、转化活动和完成关单。其中最主要的 5 个关键动作是邀请收看、账号注册、策略跟进、邀约陪访和转化活动。

9.1 邀请收看

9.1.1 针对老客户的邀约

客户经理对老客户进行观看邀约要做好前期准备,熟悉线上活动整体安排,熟悉每期活动的内容及嘉宾,在朋友圈以及微信群进行活动预告和预热。同时,客户经理参照不同主题活动内容,筛选不同喜好和需求的客户进行分类邀约,并且在开播前再次预热邀约,提醒客户收看,并推荐客户邀请朋友一起收看。

▶ **话术示例**

"王姐,您好。现在是特殊时期,我们从上周开始就启动了远程办公,也特别定制了许多线上的内容推送、视频直播。我觉得在新冠疫情期间如何教孩子面对危机的内容就特别适合您。您可以扫码观看,也可以邀请身边的朋友一起,看完了还可以一起探讨孩子教育和沟通的方法。"

在此过程中,如果遇到客户时间不合适的情况,客户经理不要轻易放弃本次的沟通机会,可以询问客户是否感兴趣,邀请客户下载 APP 或关注公众号进行回看。在活动结束后,客户经理要做好笔记发给客户,体现其服务的细致周到,展现专业性,并以此建立再次联系的机会,从而增强客户黏性。客户经理如果有机会,后期可以要约一对一陪访,与客户详细沟通。

如果客户对本次活动不感兴趣,客户经理也不要放弃本次的沟通机会,可以进一步询问和了解客户近期的关注点,介绍整体活动排期,介绍金融机构的APP 公众号的内容和资讯,以此寻找客户兴趣点,推荐其他活动,或者邀约相关内容的一对一陪访。

9.1.2 针对新客户的邀约

客户经理对未进行过交易的新客户,进行线上活动的邀约时,首先要根据所知道的新客户目前的喜好和关键点，筛选适合新客户观看的直播内容进行邀约。客户经理在朋友圈和微信群同时发布活动内容，预热造势，同时再一对一提醒客户观看。客户经理可以尝试让客户下载 APP 或关注公众号，以回看往期精彩内容以及公司的前沿信息。

▶ **话术示例**

客户经理以健康问询和热点话题为切入点，谈及这些热点话题对客户工作和生活的影响，并在沟通过程中表示愿意提供金融方面的讯息支持，以更好地保护好客户的资产，进而顺利地引导客户下载 APP 或关注公众号。

如果客户没有时间或者没有兴趣，客户经理同样不要轻易放弃本次沟通机会，可以参考针对老客户此类异议情况的处理方式。

9.1.3 针对渠道用户的邀约

渠道是客户经理大量获客的一个非常好的方法，因此在进行邀约观看的时候，客户经理可以利用渠道合作来扩大观看人群，以此获取更多的客户信息。渠道合作首先要找到渠道的关键人物，能够与其建立联系。例如，高质量的社群群主，机构的负责人，机构市场经理等。

其次，客户经理要挖掘渠道的痛点，匹配活动能够满足的需求点，总结渠道所辖人群的主要特点和主要关心的话题，客户经理可以以提供给渠道客户增值服务和增强体验为由进行合作。例如，渠道客户群体以妈妈为主，特别关心教育类话题，客户经理可以将此类话题作为渠道客户专享增值服务来进行邀约收看。

最后，客户经理要对此次合作进行合作意向的沟通和谈判，双方达成共赢才能进行合作。同时，客户经理要说明合作流程，例如对首次观看直播活动的客户进行回访，并且要提及客户如果有意向进行回看，需要扫描二维码进行 APP 或公众号的注册。

9.2 账号注册

通常线上活动会获取大量的客户信息,客户通过 APP 和公众号的账号注册就显得尤为关键。只有客户在进行 APP 下载或公众号关注并注册账号之后,才能够成为客户经理的专属客户。首先,活动前客户经理可以以注册账号能够进行回看,以及 APP 和公众号上有往期精彩内容,或者指导客户观看路径等为理由提示客户下载 APP 或关注公众号。

其次,在活动直播观看中,客户经理以介绍活动内容为由与客户进行互动交流,并且在直播中总结要点发送给客户。同时,客户经理询问客户的观看感受,这会给客户留下深刻印象以及好感。这时,客户经理顺势邀请客户进行账号注册,绑定理财顾问为专属顾问。

在此期间,如果客户对注册账号需要输入身份证号码等较为隐私的信息存在质疑或者抵触,客户经理可以告诉客户直播期间会讲投资细节,进行部分内部消息披露,监管要求必须认证为合格投资者才能听取,并请客户放心,客户个人信息会受到严格保护,绝不外露。

9.3 策略跟进

9.3.1 针对老客户的策略跟进

活动结束之后,老客户的跟进可以通过客户经理发送活动主题相关的资料,并且就此项内容进行回访沟通来完成。同时,客户经理可以对老客户进行一对一陪访邀约,或者就其他客户感兴趣的主题活动进行邀约。

9.3.2 针对新客户的策略跟进

客户经理要加强新客户对金融机构的认识和信任。客户经理可以给新客户推送详细的机构介绍,以及机构在相应活动主题上取得的进展以及成果,以此与新客户建立联系，或者以活动回访等理由进行联系。

9.3.3　针对渠道客户的策略跟进

活动结束之后，客户经理在跟进过程当中，要加入对合作渠道的回访。首先，客户经理可以对机构的活动进行展示，挑选机构精彩的直播内容，或者其他市场活动的反馈材料，发给渠道关键人进行活动反馈。其次，客户经理对活动的参与效果进行汇报，例如参会人数，参会反馈等，以表示感谢，并且期待继续合作。最后，客户经理可以加强机构的宣传力度，宣传机构的经营理念，以及展示机构的独有优势等，为后续的合作加码。

9.4　邀约陪访

活动结束后的邀约陪访是关单跟进动作的关键。首先，客户经理务必与团队经理分析客户情况，商量陪访策略。其次，客户经理要确认合适的陪访人，并且一定要同团队经理与陪访人进行沟通，确认陪访策略。最后，客户经理要准备好陪访所需的相关材料。

对于渠道所获得的新客户信息，客户经理务必在活动结束三天之内一一进行回访和跟进，可以以希望进一步了解机构以及机构还有其他精彩活动内容为由，确认客户是否下载 APP 或关注公众号，并且在回访跟进中务必添加客户微信，与客户建立联系。如若客户感兴趣，客户经理可以就同类主题的活动进行二次邀约，并且记录客户兴趣，以贴标签做备忘。

9.5　转化活动

除了陪访之外，客户经理还可以以其他活动进行客户以及客户信息转化。

9.5.1　针对老客户的转化活动

在活动转化过程当中，客户经理应对老客户进行进一步转化。首先，客户经理依然要加强机构宣传,一对一发送机构最新消息、相关业务进展等。其次,客户经理对老客户的观看数据进行整理和总结,以此来对客户进行分析,根据客户兴趣及关注点,进行定向推送每日热点以及客户感兴趣的主题,并将客户兴趣进行标注。最后,客户经理应梳理客户总体的投资情况并进行分析,可以以做投后为由进行话题切入,邀约客户进行一对一的投后报告解读。

如果客户暂时没有投资意向,首先,客户经理要持续关注客户,以判断客户对产品的意向。其次,客户经理要定期对客户进行拜访,保持联系,以挖掘客户需求。最后,客户经理向客户介绍线上陪访专家团,以此激发客户兴趣,为客户做专属投后报告服务。客户经理也可以邀请客户参加机构大型活动,通过机构领导站台打消客户的顾虑,激发客户需求,达成进一步合作。

9.5.2 针对新客户的转化活动

客户经理在转化新客户时,必须注重对机构进行宣传,以此建立客户对机构的信任。同时,客户经理应分析客户的观看数据,找出客户的关注点进行每日热点推送,加强客户的关注度,以此来激发客户的需求,对客户的兴趣也要进行标签备注。

新客户转化中最大的困难在于新客户对机构的认知不足,对机构的信任度不够。因此,客户经理在与客户联系期间务必要加强对机构的宣传,用不同的方式方法介绍机构的产品的收益性、稳定性、安全性,机构的专属优势和过往取得的成绩,以加强客户对机构的认知和信任,也可以利用与产品无关的公益、休闲娱乐等其他项目为理由联系客户,以丰富客户对机构的认知,对机构进行全方位的介绍,以此加强客户对机构的信任。

9.6 新媒体营销案例

中国已成为全球最大的互联网市场之一。党的十八大以来,以习近平同志为核心的党中央高度重视传统媒体和新兴媒体的融合发展,深刻分析全媒体时代的挑战和机遇,明确提出推动媒体融合向纵深发展的重大要求。

中国互联网络信息中心的数据显示,2020 年网民规模为 9.89 亿人,互联网普及率为 70.4%,其中未成年人、"银发"老人陆续加入,构成全球最大的多元数字社会,也因此推动了网络直播的发展。2020年,中国网络直播用户规模为6.17亿人,比2019年上半年增加1.84亿人。显然,新媒体成为各行各业提升形象、打造场景、拓展客户的有效方式,对拥有庞大客户群的金融业来说更是如此。金融领域应在微信、微博、抖音等平台上发力,从而接触更多目标受众,建立完善的生态圈和商业生态群。

9.6.1 招商银行新媒体营销

秉承"因您而变"的企业服务理念,招商银行在抖音、B站等自媒体平台上充分利用符合用户审美的原创视频去拉近与消费者的距离,通过招行动态、员工风貌、知识科普等维度的内容创作,亲近活跃的方式来运行维护账号粉丝。通过突破既有用户圈层壁垒的新型传播模式,招商银行将抖音、B站平台孵化为品牌认知提升渠道。

招商银行官方抖音账号通过高频发布视频内容,主动营造活跃的互动氛围。其中发布的两条与品牌元素相结合的爆款视频平均播放量高达1280万,平均点赞量高达26.5万,平均评论量高达4833条。"运钞车初体验"视频以vlog(视频记录)的第一视角带领粉丝参观"能看不能碰"的运钞车内部,充分满足粉丝的猎奇心,粉丝评论高呼"长知识了";"假如ATM是人工"视频则是以夸张诙谐

视频9-1 假如ATM是人工

的形式拍摄主角取钱过程中,在ATM机内还藏着一个工作人员完成运作。该内容创意的洞察基于用户对ATM机运行过程的想象。

截至2022年7月,招商银行官方抖音号的粉丝量达275.7万,点赞量高达1203.2万,播放量达63305万,整体运营成果显著。2020年招商银行官方抖音号获得了来自抖音官方的肯定,在多个抖音品牌号中脱颖而出荣获"巨量引擎奖·年度突破大奖",成为金融行业唯一一个获奖的品牌。

招商银行进驻B站,真诚、平视拥抱Z世代(指新时代人群)客群。在B站,招商银行官方账号以增值B站小伙伴的财富和快乐为目标,通过视频创作、自有IP小招娘建设、日常运营3个板块经营,提供对用户有价值的内容,同时展示招商银行融入年轻人、金融理财服务专业、企业文化有魅力的品牌形象。

同时,招行结合银行专业特质,提供理财知识科普,以vlog的形式展示招行服务及员工日常,以招行特质与年轻客群沟通并成功吸粉。截至2022年7月,招行B站的粉丝数达41万,累计播放量2006.5万,位列银行同业第一名、

全站企业官方第八名。其中视频"与梦盛开"获 2021BDF（Bilibili dancing festival，B 站的一个线下活动）大赛最具人气奖，历年 BDF 首个获奖也是 2021 年度唯一获奖的企业官号，象征招行官号已成为 B 站官方认证的顶流。

近年来，视频类平台逐渐成为人们日常获取资讯、娱乐生活的媒介。招商银行通过抖音和 B 站账号系统化运营，让受众对招商银行有了更进一步的了解，让更多的人认识招商银行，更为主动地与招行展开互动，收到了客户对服务的好评、剧情的称赞以及情感故事的共鸣，更重要的是赢得"95 后"，甚至"00 后"年轻人的喜爱。

9.6.2 微众银行新媒体营销案例

微众银行依托金融科技手段，针对微小企业"短小频急"的贷款需求及其痛点，于 2017 年推出了小微信贷产品"微业贷"，着力解决微小企业"融资难、融资贵"的问题。企业从申请至提款全部在线完成，额度立等可见，资金几分钟到账，按日计息，随借随还，微众银行以科技金融为小微企业提供简单便捷的融资服务。

微众在探索如何解决小微企业"融资难，融资贵"的问题时，首先在产品上实现了创新，既通过打造"纯线上小微企业贷款产品——微业贷"缩短了客户和银行的距离，又大幅降低了客户的办理难度。

微业贷自创立初期，是通过线下找到目标客户、对其特质分解并叠加互联网特色，基于企业信息库的关系链扩散（密友、相识、亲人、同事）四大扩散法则的实际扩散效果逐步实现企业主客群的互联网精准营销。但是，微众银行是一家没有物理网点的互联网银行，如何低成本有效触达客户是其中的一个难点。为此，微众银行通过建立一套国内领先的智能化的面向企业的线上数字化营销模式，借由纯线上小微人工智能客服与大数据技术大幅降低获客成本，来解决互联网银行在无物理网点的条件下精准触达外部客户的行业难题，不仅可以实现数字科技，还降低了运营成本的目标，最终可实现以最便捷的方式、有竞争力的价格将微众银行的"微业贷"打造成一款普遍受欢迎的纯线上小微企业贷款产品。

在具体的营销策略上，微众银行借由大数据技术、互联网技术及客户画像，通过主要信息流广告、搜索引擎，寻找目标客户。微众银行配合适应于互联网和小微客户画像的广告创意，实现了智能客户实时动态定向投放。这不仅让微业贷广告在合适的时间，以合适的方式、合适的渠道投放给小微企业客群，最重要的是，相较于传统线下的业务模式，成本得以大幅降低。同时，微业贷采用"爆款策略"带来的良好产品口碑效应为线上客户转介绍带来了机会，很大比例的客户是通过线上转介绍的方式成为微业贷的忠实"粉丝"。

区别于传统银行的营销思路，微众银行以微信公众号作为贷款的申请和使用入口，新客户从看到广告到获得贷款只需动动手指即能完成，真正实现了广告投放到客户申请贷款的一站式体验。数据显示，客户从点开广告到成功核额最快仅50秒，获得贷款最快仅168秒，3%的客户在60分钟内获得了放款。

"微众银行企业金融"公众号，在2018年内累计关注客户达到100万人。2019年新增申请量相比2018年全年迅速提升50%。同时，微众银行于2018年5月推出了"微伴"功能，客户可以通过非常简单的操作就可以将产品推荐给朋友。

9.6.3 众安保险数字化营销

传统保险企业在营销环节通常采用以人工为主的服务模式，但代理人素质良莠不齐、专业度不高等因素，可能会对营销造成负面影响，对潜在客户的判断依旧转化不够细致。作为国内首家互联网保险公司众安保险，一直以来深耕数字营销，致力于打造"数据＋智能＋场景"的营销新生态。通过数字化转型，众安保险在提效降本的同时，也能在业务上获得价值。众安公布的数据显示，2020年，众安保险直营业务中交易用户数增长3.1倍，成交总额增长2倍，整体保费同比增长14.2%，达到167亿元，被保用户数量增至5.2亿，总保单超过79亿张。

在显著的业务成绩背后，离不开众安保险自主研发的智能营销系统。该智能营销系统平台拥有超70个模板、超2000个用户标签，能够与生态伙伴无缝对接。通过智能营销平台，众安保险可以精准洞察用户的行为特征和用户属性，从而建立用户标签体系，并通过形形色色的用户标签对人群进行分层和画像分析。基于这些用户标签，众安保险在用户营销过程中可以面向不同的客群和渠道设定个性化的触达策略，精准触达用户。众安保险打造的八大用户行为分析模型，帮助运营分析环节验证和优化运营策略，进而从洞察开始去完善标签体系、优化营销内容和策略、调整采集方案，形成一个完整流畅的运营闭环。众安保险在对内运营的过程中已经实现了获客成本降低30%、投放效率提升

50％、运营效率提升 80％的效果。2020 年,众安保险的智能营销平台为太平人寿、友邦人寿、中宏保险、汇丰人寿、农银人寿等 10 余家客户提供服务,客户数同比增加 67％。

本章总结

1.线上营销由 9 个流程组成,包括:活动发布、邀请收看、预约报名、直播观看、账号注册、策略跟进、邀约陪访、转化活动和完成关单。

2.邀请收看。客户经理对老客户进行观看邀约要做好前期准备,在朋友圈以及微信群进行活动预告和预热。客户经理对未进行过交易的新客户,要根据所知道的新客户目前的喜好和关键点,筛选适合新客户观看的直播内容进行邀约。

3.账号注册。通常线上活动会获取大量的客户信息,只有客户在进行 APP 下载或公众号关注并注册账号之后,才能够成为客户经理的专属客户。

4.策略跟进。活动结束之后,老客户的跟进可以通过客户经理发送活动主题相关的资料,并且就此项内容进行回访沟通来完成。对于新客户在跟进策略上,最主要的是要加强新客户对金融机构的认识和信任。

5.邀约陪访。活动结束后,客户经理务必与团队经理分析客户情况,商量陪访策略,同时,要准备好陪访所需的相关材料。

6.转化活动。在活动转化过程当中,客户经理要加强对机构的宣传,根据客户观看数据分析客户兴趣及关注点,进行定向推送每日热点以及客户感兴趣的主题。同时,客户经理梳理客户总体的投资情况,对客户发起邀约。

参考文献

[1] 巴伦一. 做卓越的银行客户经理:实战文案 30 例[M]. 北京:北京联合出版公司,2017.

[2] 巴伦一. 做卓越的银行客户经理:实战营销 36 课 [M]. 2 版. 广州:广东经济出版社,2021.

[3] 杜晓颖,丁俊峰. 金融客户经理管理实务[M]. 北京:人民邮电出版社,2017.

[4] 哈南. 顾问式销售:向高层进行高利润销售的哈南方法 [M]. 8 版. 郭书彩,闫屹,译. 北京:人民邮电出版社,2013.

[5] 吉特默. 销售圣经[M]. 杨洁,杨帆,译. 北京:中信出版社,2015.

[6] 李厚豪. 银行客户经理营销方法与话术 [M]. 2 版. 北京:清华大学出版社,2017.

[7] 李立恒. 阿里铁军销售课[M]. 成都:四川人民出版社,2019.

[8] 里斯,特劳特. 定位[M]. 谢伟山,苑爱冬,译. 北京:机械工业出版社,2021.

[9] 理财不二牛. 银行客户经理营销一本通[M]. 北京:民主与建设出版社,2020.

[10] 立金银行培训中心. 商业银行客户经理对公信贷业务技能培训[M]. 2 版. 北京:中国金融出版社,2020.

[11] 林斯特龙. 痛点:挖掘小数据满足用户需求[M]. 陈亚萍,译. 北京:中信出版社,2017.

[12] 凌晨四点半. 银行客户经理营销实战全能一本通[M]. 北京:人民邮电出版社,2018.

[13] 卢明明. 银行业从业入门必读书[M]. 北京:人民邮电出版社,2016.

[14] 梅斯特,格林,加弗德 . 值得信赖的顾问[M]. 吴卫军,李东旭,译. 北

京:机械工业出版,2018.

[15] 青木毅.销售就是会提问[M].肖辉,刘舒悦,译.天津:天津人民出版社,2021.

[16] 宋犀堃.销售就是要会聊天[M].北京:北京联合出版公司,2017.

[17] 王鉴.深度营销[M].北京:机械工业出版社,2017.

[18] 王团结.我是银行客户经理[M].北京:中国发展出版社,2014.

[19] 吴超,赵静,罗家鹰,等.营销数字化:一路向 C,构建企业级营销与增长体系[M].北京:机械工业出版社,2022.

[20] 辛树森.个人客户经理[M].北京:中国金融出版社,2007.

[21] 徐军.银行网点营销案例[M].北京:中国经济出版社,2018.